鹿媛媛　著

城乡视角下的
中国城市化之路

The Path of Urbanization in China:
from the Perspective of
Balancing
Urban and Rural Areas

上海人民出版社

目　录

前　言

中国的城市化是伴随着工业化、信息化与农业现代化同步推进的,具有特殊的制度特征。体制转轨、结构转化、供给侧改革构成了现阶段中国经济发展的基本格局。中国城市化的特殊性在于由制度约束、资本约束、权能约束、结构约束等一系列约束导致的城乡分割阻碍了城市化的全面协调进展,破解多重约束是我国城乡一体化的关键所在。

在中国城市化发展过程中,出现了两大结构性扭曲,不仅对我国城市地区,也对农村地区的可持续健康发展有着非常大的影响。首先,我国农村的人口结构未随农业就业结构和农业在GDP中结构的下降而下降,严重阻碍了我国的城市化进程和资源的合理配置。其次,资源配置扭曲影响了劳动力要素与资本、与城乡工作岗位的配置效率,出现城市企业用工荒和农村普遍隐性失业和聚集效应的浪费,城乡相对劳动生产率同步降低,产业结构不合理。

这两大扭曲,也是我国目前"发展不平衡不充分的一些突出问题尚未解决,发展的质量和效益还不高"的根本原因。在我国步入建成小康社会决胜阶段,亟须在城乡间、地区间发展不平衡不充分的大背景下,从城乡协调发展的视角来研究总结我国城市化的路径选择和制度创新,这对于促进我国平衡、健康发展进程,具有重要的理论和现实意义。

本书分为七章。第一章导论。从选题背景、问题的提出、主要内容、研究意义、研究方法等方面展开。第二章文献回顾。第三章中国的城市化进程。该章主要分析了中国城市化特点与进程。首先从城市化发展现状入手分析,随后探讨了中国城市化的制度特征与不同路径,最后分析了城市化与乡村振兴的内在逻辑。第四、五、六章,分别从户口、资金融通和产城融合看城市化,以小见大,研究分析在城市化的过程中,如何通过制度创新和市场深化来突破户籍约束、土地约束、金融约束、权能约束。在此基础上,才能建立起权益均等、城乡协调、经济发展、社会和谐的社会主义的现代化强国。

通过理论和经验分析,本书得出几项未来关乎城市化发展的建议:改革户籍管理制度,积极引导,加强管理,形成全国统一的在劳动力市场和城乡间相统筹的公共服务体系;健全金融服务支撑体系,加快农村金融改革步伐,完善城市投融资机制;优化资源配置,推进产城融合;因地制宜推进城市化,选择不同发展路径;城市化进程中协调好城市和农村关系。

本书从城乡发展的视角研究了中国城市化进程中人口、土地、产业城市化问题,但深度与成果尚不足,后续研究将采集大样本城乡入户调研数据,结合国际案例与数据对比,进行实证分析,使得研究更丰满、视野更开阔。

最后,衷心感谢上海第二工业大学经济与管理学院燕春蓉教授、宋辉旺教授的支持与帮助,使本书顺利出版,感谢顾贤凯书记、李荷华副院长、姚莉副院长对我工作的支持与肯定。尤其感谢南开大学谢思全教授、邓宏图教授、周立群教授、周云波教授，以及天津师范大学李家祥教授、天津大学陈士俊教授在本书写作过程中提供的无私指导与宝贵建议。鸣谢上海人民出版社，特别感谢徐晓明老师及其相关工作人员，他们专业水准及认真负责的态度促成了本书的高质量出版及双方长期愉快的合作。

鹿媛媛

2018 年 6 月 25 日

第一章 导 论

第一节 选题背景

改革开放四十年来,中国经济总量保持了持续快速的增长态势,社会事业全面进步,但经济社会发展中的城乡发展不平衡、不充分问题依然极为显著。城乡关系通过影响国内人口流动、社会保障、收入分配差距而对整体经济发展产生作用。在某种意义上,城乡发展失衡已经成为影响中国经济社会持续发展的"瓶颈性"因素。

应当承认,中国社会经济发展过程中存在着一系列的矛盾和问题,但最为根本的问题是中国经济发展尚不充分;中国经济运行和成长中存在着一系列失衡,但最为重要的失衡是发展本身的不均衡。而这种发展的不充分和不均衡最为集中的体现,便是中国城乡二元经济特征,这里包含了深刻的发展差异、制度差异、机会差异、收入差异等。因此,解决中国社会发展问题的根本在于推动城乡经济的一体化发展。而要实现这种均衡发展的目标,需要在实现发展的制度上展开根本性的创新。这是我国经济社会发展面临的根本命题,更是我们经济学研究者面临的重要课题。

城市化作为中国发展的动力和载体,在很长一段时间,伴随着中国经济的腾飞而有着飞速的发展。然而在中国城市化发展过程中,出现了两大结构性扭曲,不仅对我国城市地区,也对农村地区的可持续健康发展有着非常大的影响。首先,我国农村的人口结构未随农业就业结构和农业在 GDP 中结构的下降而下降,严重阻碍了我国的城市化进程和资源的合理配置。其次,资源配置扭曲影响了劳动力要素与资本、城乡工作岗位的配置效率,出现城市企业用工荒和农村普遍隐性失业和聚集效应的浪费,城乡相对劳动生产率同步降低,产业结构不合理。城乡内部的结构性失调和城乡之间的发展失衡是中国发展过程中亟须解决的问题。1952 年到 2016 年,农业增加值占 GDP 比重从50.5％降到8.6％,而从事农业的就业人员仅降为27.7％,身份附着在农村的人口在 2016 年时依然有42.7％。改革开放之前农村就业人口占比与农业就业人口占比非常接近,但是改革开放之后农村就业人口占比远超过农业就业人口占比,而且这个缺

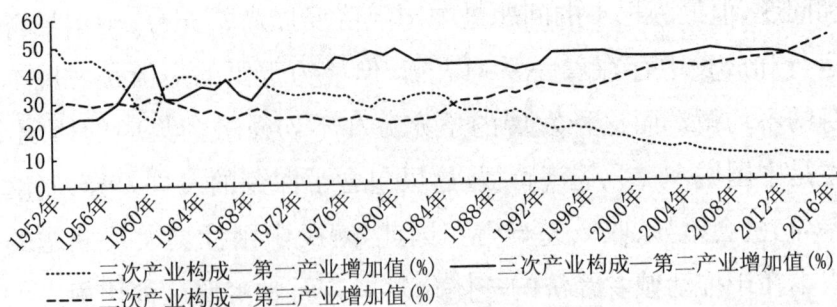

三次产业构成—第一产业增加值(%)　　—— 三次产业构成—第二产业增加值(%)
三次产业构成—第三产业增加值(%)

数据来源:国家统计局网站。

图 1.1　中国三次产业构成

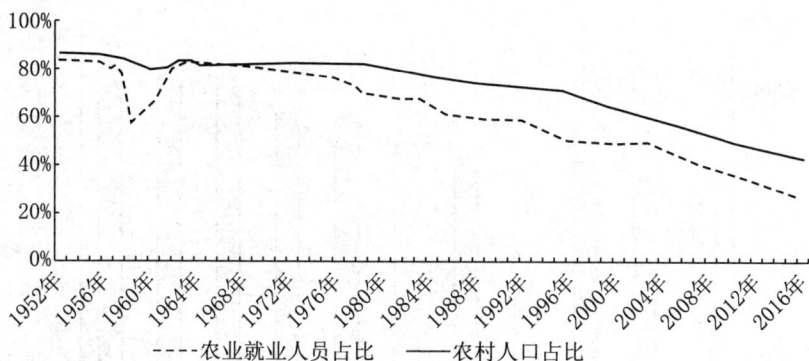

数据来源:国家统计局网站。

图 1.2　农业就业人员占比与农村人口占比

口近年来有所扩大。这一问题能否得到有效解决,将直接影响我国城乡平衡和经济社会发展进程。

与我国农村经济社会事业发展缓慢形成对比的是,我国的城市化建设取得了较快进展,然而传统的城镇化模式是粗放且不可持续的发展。在我国城镇化建设快速发展的近十多年,全国城镇人口由 2000 年的 4.58 亿人增加至 2016 年的 7.93 亿人,增长了 73.14%。但与此同时我国城市建成区面积由 2000 年的 2.24 万平方公里上升至 2012 年的 5.28 万平方公里,增长了 135.71%。

在肯定这些快速发展的同时,我们普遍发现土地的城镇化与人口、产业以及社会服务的融合并未达到统一,农民在这个过程中的切实利益有待落实,城乡二元结构也没有得到真正的缓解。根据近些年的观察,以往"盲目造城"运动下的发展模式已不能带来经济的持续增长和社会的全面进步。如同我国前些年的经济增长一样,粗放型的发展模式尽管带来暂时指标上的光芒,却暗含种种经济社会危机。产业结构不合理、生态环境和社

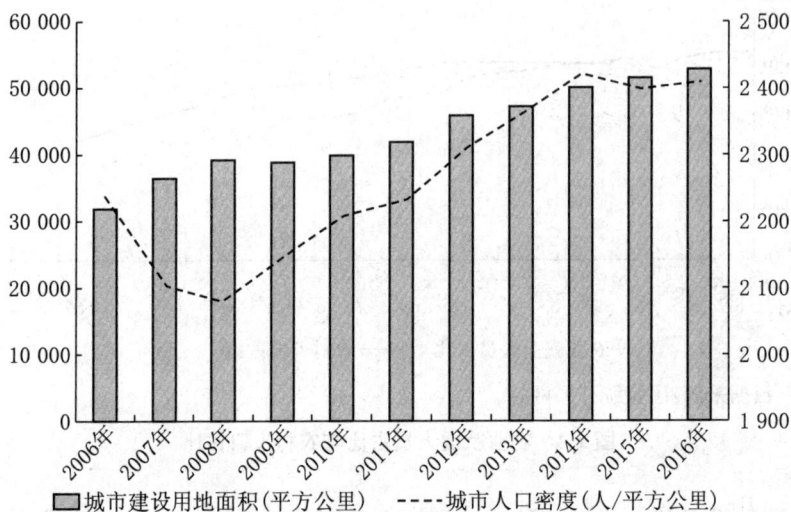

数据来源:国家统计局网站。

图 1.3　中国城市建设用地与人口密度

会环境差,有城无人或秩序混乱,都是常见的粗放型城镇化发展的结果。在国内外经济发展形势发生转变,我国发展进入"新常态"的背景下,城镇化的发展必然要求是以提高品质、以人为本的城市化模式。

党的十九大报告指出,"发展不平衡不充分的一些突出问题尚未解决,发展的质量和效益还不高","我国社会主要矛盾已经转化为人民日益增长的美好生活需要和不平衡不充分的发展之间的矛盾","推动新型工业化、信息化、城镇化、农业现代化同步发展","实施'乡村振兴战略'","建立健全城乡融合发展体制机制和政策体系","以城市群为主体构建大中小城市和小城镇协调发展的城镇格局"。这个具有纲领性意义的文件为我国全面建成小康社会、建设新时代中国特色社会主义指明了方向。

在我国步入建成小康社会决胜阶段,亟须解决城乡间、地区间发展不平衡不充分的大背景下,总结我国城市化的路径选择和制度创新,促进我国平衡、健康发展进程,具有非常重要的理论和现实意义。

问题的提出:

中国的城市化进程不同于传统西方国家,在历史和制度的影响下有自身发展和演化的逻辑。本书研究的主要问题是:究竟是什么因素在影响我国城市化的历史进程? 构建中国城市化的演化和发展逻辑,找出我国城市化的制度创新路径,以促进人口城市化、土地城市化和产业城市化的同步推进,是本书要解决的关键问题。

第二节　主要内容

一、主要内容

在本书中,作者从城乡视角研究中国城市化的推进问题。首先从我国城乡演变的历史视角分析城市化进程,从新中国建立以来我国城乡关系的发展过程到基于制度变迁视角的二元结构的发展,清晰地刻画出我国城乡关系以及城市化演进过程,为我们之后的分析提供坚实的历史逻辑分析起点。然后指出,我们讨论的城市化,是以城乡统筹、城乡一体、要素互通、和谐发展为基本特征的城市化,是以人为核心的城市化,注重保护农民利益,既与农业现代化相辅相成,又注重新型城市建设中综合协同对其发展起支撑作用的产业、人口、社会和生态环境、公共服务等要素,在建设中严格执行土地、产业、人口、社会的城镇化相统一。从而,接下来,分别从人口、土地和产业的角度,从户口、资金融通和产城融合三个方面,以小见大,来探讨现有的制度约束、发展情况与制度创新。本书主要由七章构成,各章分布做了如下安排:

第一章　导论。从选题背景、问题的提出、主要内容、研究意义、研究方法等方面展开。

第二章　相关文献回顾。从城市化、城乡关系发展等方面进行文献梳理,为本书提供理论逻辑基础。

第三章　中国的城市化进程。主要分析了中国城市化特点与进程。首先从城市化发展现状入手,随后探讨了中国城市化的制度特征与不同路径,最后分析了城市化与乡村振兴的内在逻辑。在案例分析的同时,沿用了马克思主义的经典理论和制度经济学的制度变迁理论。

第四章　制度性壁垒、人口转移与人力资本积累。首先分析了制度性壁垒下人口迁移与人力资本积累特性,说明消除迁移壁垒的重要性,并结合现在"抢人大战"的形势,探讨户籍制度改革以及附着在其上面的一系列权能问题的解决途径。

第五章　土地制度、融资约束与组织创新。金融作为城市发展的血液,城市化的顺利发展需要全面的金融支持,同时为顺利推动乡村振兴,我国也必须改变金融发展滞后、融资结构性错配等矛盾与问题,在农村推进金融体制创新。金融问题与土地、产业问题紧密相连,本章基于现有土地制度的约束,探讨地权、生产与信用融通的关系,并通过多层次金融市场支持促进城市化进程中地方政府融资。

第六章　要素优化、资源配置与经济社会发展。本章我们从产业发展的层面探讨了城市化过程中所涉及的要素优化、资源配置问题。我们在前文一直强调，当下的城市化，是要以城乡统筹、城乡一体、要素互通、和谐发展为基本特征的城镇化，既与农业现代化相辅相成，又注重城市发展过程中的产业支撑、人居环境、社会保障等因素，真正将土地、产业、人口、社会的城镇化统一起来。

第七章　总结与展望。着眼于城乡协调发展的城市化，需要处理好城市聚集效应的发挥，而且要充分发展农村经济，以农业现代化助推农村经济发展，促进城乡一体化有序推进。

二、研究方法

首先，理论研究和经验研究相自洽。理论研究是利用现代经济学的分析工具（如产权经济学、博弈论等等）对复杂的经济现象进行观察、分析、归纳和抽象（整理），以便得出一系列有待检验的经济学命题，在本书的理论工具上，既借鉴结构主义的分析工具，又注重新古典综合派和新制度经济学的分析工具，综合运用主流学派和非主流学派的相关分析工具。经验研究就是利用搜集到的案例和数据，借助基本的分析工具来对我们所得出的诸多经济学命题进行严格的检验，以判断这些命题是否为真。这里的经验研究，得自作者长期在农村实地调研的结果。本书中，作者的理论研究都是与经验研究相吻合的，通过传统经济学方法得出的理论结果，作者都会从经验现实中用相关的案例和数据进行支持，以使作者的研究不脱离经验现实。

其次，历史研究和现状分析相结合。作者研究的城乡协调发展、促进城市化问题,是基于新中国建国以来的历史逻辑起点进行分析的,这是中国的城乡二元关系不同于其他发展中国家的地方,也是作者在本书着重强调的问题。作者对新中国建立以来中国的城乡关系的演化、二元结构的发展过程作了系统的制度变迁视角的历史回顾,对国家的"三农"政策也做了历史性的回顾,同时包括城市化建设中不同地区的制度变迁过程,这为研究我国现在如何推进城市化奠定了坚实的基础。历史与现实相结合的方法,对于研究中国的经济社会转型有着重要的指导意义。

最后,理论逻辑和政策框架相一致。作者的研究,不仅在理论构建上实现了自身的逻辑自洽,也使文章的政策建议和政策框架内相一致,理论模型得出的结果一定要对现实的政策制定有意义,经得起实践的检验。作者充分考察了不同地区城市化不同演化轨迹的基础上,通过理论归纳、案例研究和理论模型,构建出一整套具有历史视角逻辑自洽的理论分析框架和政策体系,力求做到理论逻辑和政策框架相一致。

第三节　研　究　意　义

作者认为,对多重约束条件下中国城市化发展的研究具有十分重要的意义,这种意义首先是理论上的,其次是现实上的,因为它能在转型条件下提供同步推进新型工业化、城镇化、信息化、农业现代化的逻辑基础和政策基础。

首先,理论意义。一般来说,只有弄清了地权、土地流转、融资约束、劳动力流动和经济社会转型之间的真实的逻辑关系,才会找到实现城市化的可行路径。现有的资料对城市化问题有了较多的研究,城市化问题不管是在理论研究还是政策研究上也有了较大的进展。但在历史和现实、理论和政策相结合的框架内,从中国城乡分割的历史逻辑起点,对制度和资本约束导致的城乡二元结构的研究,并对解决办法进行制度和组织分析的研究并不多。作者从历史逻辑起点分析中国二元分割的根本原因,对于提升学术界关于中国城乡分割问题的认识深度有着一定的意义。

其次,现实意义。本书的研究的目的,也就是作者分析框架的落脚点,即城市化是中国下一步经济增长的主要动力所在。在中国城乡收入差距逐渐加大、由发展的不平衡带来的经济社会危机潜伏的背景下,作者提出推进城乡一体化的发展,对农业现代化和新型城镇化进行组织上和制度上的创新,破解城乡关系中体制机制的制约,构建起农村自我发展的循环和城镇加快辐射吸收的有力支撑,不仅对我国经济建设,也对社会转型有着一定的指导意义。尤其是在我国经济发展进入新常态,加快经济社会创新、协调、绿色、开放、共享发展的大背景下,探讨城市化发展对于加快供给侧改革、促进经济社会和谐健康发展有着重要的现实意义。

第二章 相关文献回顾

一、城市化相关文献梳理

我们先来看关于城镇化发展研究的相关进展。中国的城镇化研究虽然起步较晚，"但是由于中国城镇化进程的独特特征与复杂性，中国城镇化研究的问题和内容相较于西方国家学者来说，更为丰富和细化，主要包括可持续发展、土地利用、工业化、产业结构、新型城镇化等方向。"[1]

姚士谋等人的研究表明，城市化发展是社会发展的需要，也是世界范围内文明进步的表现。[2] 我国城镇化的水平与发达国家相比处于落后的状态。尽管如此，在城市化速度上，与发达国家相比，我国城镇化表现出了非常快的发展速度。就城镇化指标而言，从20个百分点到40个百分点的城镇化率的进步，美国用了40年，德国用了80年，苏联和日本速度较快也用了30年。而我们国家完成这个过程仅仅用了22年，可谓飞速发展。他们在城镇化的建设方面，分析了沿海经济发达地区和内地的发展区别，发现城镇化建设根据当地工业发展水平可以有多种形式的发展。沿海地区可依托较高水平的工业化带来的产业和人口集聚、土地的开发来发展城镇化；内地地区可通过农业和农村自身经济的发展，同时布局乡镇企业来发展，带来人口的流动和城乡的融合。

对于城镇化的建设,有学者从城镇化"推进模式"角度来考察城镇化和城乡协调发展的动力机制和空间模式。他们通过研究得出,我国近些年推进的城镇化是政府利用较强的政治动员能力、迅速集中城镇化的有利要素整体推动的进程,民间社会尚不具备自发推进城镇化的条件。政府主导城镇化进程,弥合城乡二元结构,利用制度创新的方式来促进经济社会的全面进步,是社会文明的一大体现。在这个过程中,要注重遵循市场经济规律,在充分尊重农民意愿的基础上来开展城镇化建设,同时充分重视农民的权利保障问题。总体来说,政府一般是通过以下几种方式推进城镇化建设的:成立经济开发区、成立新区和新城、郊区城镇城市化、旧城改造、乡镇产业化和村庄产业化。[3]在人口学家看来,城镇化就是人口向城镇集中的过程。城镇化的实质是人口城镇化,最能直接形象地表现城镇化进程的是大量乡村人口向城镇地区集中,由"农村人"变为"城市人"。从经济学角度考察,城镇化就是产业的非农化以及劳动力从业的非农化和社会分工的细化。

吴业苗发现,并非所有农民在城镇化方面持欢迎态度。在城市郊区的农民存在过多焦虑,主要是在以往的城镇化过程中出现的拆迁补偿不到位、还迁房迟迟下不来的现象使他们在收益对比上认为还是农村生活安稳,其次还有公共设施配套不到位、公共服务的不均等化,都影响了他们在城镇的生活感受,阻碍了政府推动城镇化的进程。[4]由此,我们可以看出,城郊农村有形和无形的公共服务建设,对解决农民市民化的原生问题和次生问题具有重要意义,不仅可以在城郊农村营造一个适宜农民市民化的居住和生活环境,还可以为城郊农民市民化构建一个安全保障网,消除农民市民化的后顾之忧。因而,人口城镇化的推动应与公共服务、社会保障的城镇化同时推进,才能减轻部分情况的农民的城镇化的不安和抵触心理,促进城乡融合。周蕾、谢勇、李放则把研究的视野投向了农民工的城镇化。他们认为,农民工城镇化的实现至少要求两个条件,一是具有城镇化意愿,二是具有城镇化能力。对于农民来说,过高的城镇化成本与其本身较低的城镇化能力,造成了对城镇化较低的预期。[5]因而,城镇化的实现的路径应当是分层的,因地制宜的。就现实而言,不同地区农业现代化和城镇化的演进路径确实是不同的。在现有条件下,我们国家存在着两种农民和两种土地,城郊农民、沿海发达工业区内的农民,与中西部地区农民,其产业选择、地权溢价的补偿机制都将出现质的差异性,因为不同地区离城市或经济贸易中心的距离不同,其地权(或地租)溢价显然也根本不同。这会造成不同地区农民的利益取向的"分化"。[6]

二、城乡关系研究综述

在城乡关系中,我们通常研究采用的"二元经济模型",分为"静态二元论"和"动态二元论",都是试图了解落后的传统部门和正在增长的现代部门之间的相互关系。静态二元经济模型注重研究传统的和现代的两个部门之间的有限影响,更新的动态二元经济模型把传统农业看做传统部门,把工业看做现代部门,并试图探索加强发展过程中的两者之间的相互影响。接下来,作者通过总结速水佑次郎、弗农拉坦书中的史料研究[7],对二元经济模型的发展做一个简要的回顾。

在文献中,静态二元论的两个独特的变形可以视为:(1)社会二元论,着重说明引起"西方"和"非西方"明显不同的经济组织和经济合理性概念在文化上的差别。最初是由荷兰经济学家J.H.贝克(J.H.Beck)探索荷兰殖民政策在印尼失败原因的产物,"在一个社会被分成两个部分,存在非常明显、非常普遍的分割状态的地方,许多社会问题和经济问题采取相当不同的面目出现,西方经济理论失去了其真实性——因而失去了其价值",他认为,两种社会制度共存是二元论的先决条件,它们只是通过产品和劳动市场的极其有限的接触勉强发生作用,把西方技术和体制引入到印度尼西亚和其他亚洲经济体系的想法是没有用的,只会加快人口的增长速度。(2)飞地二元论,着重说明通过西方现代工业国家与世界上其他地方的传统社会的相互影响引起的劳动力市场、资本市场和产品市场的反常行为。飞地二元论主要由贸易学家为解释"为出口而生产的高生产率部门与为国内市场而生产的低生产率部门共存的障碍",H.迈因特(H.Myint)加入了资本市场对飞地二元论的重要作用,认为接近现代金融市场的现代商业、工业和农业部门与传统部门相比,可以较低的资本费用利用资本,因此导致现代部门采用更为资本密集型的技术,劳动生产率的水平更高。现代化的飞地对当地经济发展的影响受其对劳动力的低需求和其不能向当地投资渠道沟通的限制。

近年来对动态二元论的理解主要集中在D.W.乔根森(D.W. Jogenson)、古斯塔夫·拉尼斯和费景汉(Gustav Ranis and John C.H.Fei)以及迈克尔·P.托达罗(Michael P.Todaro)的理论研究,不过W.A.刘易斯(W.A.Lewis)的《劳动力无限供给条件下》经典著作更为我们熟知。在刘易斯的论述中,他认为,剩余劳动力在两大部门间的迁移是发展中国家必须经历的过程。农业部门和工业部门资本量的差异和由此带来的工资率差异使得工业部门能源源不断地吸引农业部门的剩余劳动力。社会中二元经济结构消失的临界点即为工业部门将农业部门剩余劳动力吸收完毕，农业的边际劳动生产率提高达到与工业的劳动生产率一致；Ranis-Fei model 则认为，即便农业劳动率开始增长，突破了临界值，但此时如果工业部门的工资率仍然高于农业部门，还是会吸引源源不断的农村的隐形剩余劳动生产力，意味着工业部门在吸收农村劳动力上有足够的能力；乔根森在研究农村劳动力转移时，加入了需求和消费，认为两者在结构上的变化在转移过程中起着不可忽视的作用；托达罗解释了工业部门存在失业的情况下，农村剩余劳动力向城市转移的情况，因为只要城市产业的预期收入比从事农业生产的收入要高，迁移依然会持续。在理论逻辑上，前三种模型隐含地认为产业转移与劳动力迁移同步进行，并未深究产业转移与乡城转移之间的动态关系。托达罗的研究基于拉丁美洲城市化过程远远快于工业化过程的情形，这些地区的产业转移和劳动力转移呈现并不一致的趋势。这样，托达罗就从理论和经验两方面解释清了劳动力迁移的方式、动力和可能的后果。事实上，我们可以把刘易斯的著作当做是沟通静态二元论和动态二元论的桥梁。

　　动态二元经济模型主要是为了探讨一种正常关系，这种正常关系，第一要摆脱马尔萨斯陷阱，第二要摆脱现代化飞地和传统部门缺乏有效的劳动力和资本市场的关系，因而提高农业生产率便成为使劳动力不断从农业部门向工业部门再分配的一种机制。

接下来,我们来分析 Ranis-Fei model 的关键思想。他们基于经验假设,认为农业生产部门具有如下制约发展的条件:首先是剩余劳动转移不充分带来的隐蔽性失业;其次是劳动的农业边际生产率几乎为 0;再次是传统部门的劳动生产率相较于生产部门的平均劳动生产率在初期是无差别的;最后是关键要素投入——土地是不变的。这样,两部门在初期会形成劳动力从农业部门转移到现代部门的自发迁移,因为农业部门一直存在剩余劳动,迁移的趋势并不会对农业生产带来影响,也不会抬高现代部门的工资率。二元结构转化的关键在于,传统部门的劳动边际产出大于 0,在这个时刻,劳动力从维持生存的部门向现代部门迁移。当劳动的边际产值超过农业部门由制度确定的工资率时,就会出现两部门在劳动市场上竞争劳动力的情况,劳动市场进入卖方市场,这时现代部门就难以用较低水平的工资吸引劳动力了,工资水平就得提高。同时传统部门的生产率开始提高,二元经济结构在劳动力迁移、工资率提高、农业生产率增加的过程中逐步消失,城乡融合出现。乔根森的理论放弃了 Ranis-Fei model 中 1、2 的假设条件,得出决定国民经济形成农业剩余能力的三个要素:农业技术、人口增长和与农业劳动力变化有关的农业产出弹性。[8]

我们可以看出,以上研究城乡二元结构转化的关键,是农业部门的劳动力转移问题。他们的这些分析具有一般性,提供了许多问题的原理性和原则性的解释。但是这些基本西方二元经济理论,与中国城乡分割的历史和逻辑现实不相一致。如果不对他们的理论逻辑的假设前提做必要的修订,直接拿来解释中国农村的经济社会转型是行不通的。中国的转型条件与其他国家有非常大的差异,因此,中国的实际情况将与理论所预测的结果显著不同。中国经济自 1978 年改革开放以来迎来了高速发展,取得了举世瞩目的成绩,在经济建设和社会事业上都取得了长足的进步。然而,长期以来形成的二元经济结构始终横亘在城乡之间、工农业之中,成为阻碍我国经济社会健康平稳发展的一大难题。历史和现实的经验证明,工业和农业的不均衡发展,通过牺牲农业、农民、农村来赢得工业化快速发展的发展方式带来了巨大的"二元转化成本"。这样,即使在工业发展成熟阶段"工业反哺农业"时,也会拖累我国经济建设和社会发展的步伐,不仅加大弥补成本,也会降低整体社会福利。[9]

　　为了对我们的城乡二元结构做出基于中国特殊制度背景的分析,国内很多学者从不同角度研究了城乡分割问题。这里,作者着重对城乡分割中的劳动力迁移问题做出文献回顾,因为这部分内容既是西方二元经济理论的核心,又是作者在第四章着重讨论的问题。国内现有文献对我国劳动力迁移问题的描述和政策研究已相当成熟,赵树凯、白南生等在大量调研的基础上从社会学的角度较为细致地描述了我国农村劳动力迁移的变迁过程,从原因、特点、分布、影响等各个方面做了非常缜密的分析。蔡昉在一系列著作中针对中国劳动力市场分割、城乡差距扩大的现状提出改革户籍制度的紧迫性。近期的研究,在劳动力迁移过程中人们开始关注人力资本的积累与影响问题,高梦滔、姚洋利用跨度 15 年的微观面板数据估计得出,教育和培训体现出的人力资本(而非土地等物质资本)是拉大农户收入差距的微观基础;[10]谭永生在分析我国城乡分割带来的经济增长的影响的基础上,也开始关注人力资本的作用,分析认为劳动力从传统部门到现代部门的迁移所形成的人力资本每增加1％,将使得国民生产总值相应增加0.68％。[11]这将是下一部我国经济增长的动力所在。因而,促进城乡融合、劳动力的迁移,无论是对农村地区、城市地区、乃至全国经济的发展,都有着重要的意义。

总之,传统的二元经济结构模型为我们的分析提供了基础的理论视角,但并不能直接拿来分析中国的现实经济问题。在国外学者和国内研究者分析的基础上,结合中国的历史和现实,探讨转型过程中中国的二元结构转化问题。

三、中国城市化与农业农村发展研究进展

中国既是典型的二元经济结构国家,又是全球最大的转型经济国家,这表明中国农业发展正面临着社会转型所需要的二元结构约束、信贷(资本)约束、由户籍制度、农地制度共同形成的"制度约束",上述三种约束导致城乡居民权益的不均等,因此,农民还面临着权能(利)约束。[12]本书称所有这些约束为"多重约束"。

在本书看来,"三农问题"、"城乡产业协调问题"等均与这些约束息息相关。解决"三农问题",推进城乡发展一体化最终要靠两个基本途径:一是农业本身的发展,包括农业现代化和农村城镇化;二是工业发展本身能否在保证城市充分就业的情况下有效吸纳农村剩余劳动力并使他们实现身份转换,由农民变成市民。这两个问题实际上是相辅相成的。因而,作者将农业现代化和新型城镇化作为促进城乡一体化的动力机制,在这里,将农业现代化和新型城镇化的研究进展做一个梳理。

关于从城乡二元向城乡一体的研究,刘红梅、张忠杰、王克

强基于城乡一体化理论和引力模型,构建了中国城乡一体化影响因素的时空引力模型。他们以 1997—2010 年的省级面板数据为样本对决定城乡一体化进程的诸多因素进行了分析并提供了实证检验。[13]结果表明,对城乡一体化有正向影响的因素包括农村人均家庭经营耕地规模、农业技术水平、农业现代化水平;有负向影响的因素包括城市偏向的城乡居民收入分配体制以及政府投资;城乡实现融合时间效应和时空滞后效应显著;区域当期城乡一体化在空间上存在示范效应。这个研究在理论上证明了贺雪峰断言中国存在"两种农民,两种土地"的判断(即农村所处的地理位置会影响它卷入农业产业化和农业现代化的程度),而在实证意义上则给出了农业现代化之于城镇化的重要性,即没有前者,不仅城镇化难以实现,而且城乡失衡会导致城乡居民的权益更不均等,农业产业预期收益率将更低于城市工商业的预期收益率,这使城乡差距更为扩大,二元经济特征更为显著。

此外,在农业现代化过程中,关于农村金融的研究越来越受到学者的关注。农村金融作为金融与农村经济的结合,不仅是我国金融市场中重要一环,更是提高农民福利水平、缩减城乡差距的制度保障。在制度变迁过程中(S 曲线过渡期),农业和工业在劳动力、资本和技术方面展开竞赛,工业远远超过农业,农业各方面要素比例持续下降,而一旦工业部门吸收了农业中大部分劳动要素,资本密集度迅速提高,农业发展中单位产出所需资金需求更为强烈。我国正处于这个经济结构变迁过程中,农业发展、农村建设急需大量资金,落后的农村金融市场严重制约了我国农民收入水平的提高和农业生产的发展,造成农村经济发展缺乏动力。

国内外的研究也表明,发展中国家普遍呈现农村信贷市场效率不高,金融抑制现象严重的特点,尽管政府在农村地区通过建立多层次的金融体系放宽准入限制,从宏观上给农村金融市场发展带来了可期的利好。然而现实中,农村地区微观经济主体的融资困境依然存在。丁志国等发现,在贷款上工业部门对农业部门有着较为明显的挤占,城乡收入差距显示出随着金融部门发放贷款的增加而增加的趋势。他们也从一个方面介绍了城乡收入差距扩大、城乡分割严重的原因。[14]在农村金融市场活动中,尽管正规金融和非正规金融在自己擅长的领域开展信贷活动,而现有的研究表明,在中国目前制度约束和农地产权约束条件下,两者均存在信贷配给倾向。在被配给对象上,张龙江等表示,农村金融机构的信贷合约特征和放贷行为偏好使得一部分农户被配给出信贷市场,一部分农户则主动退出信贷市场。农村金融机构倾向于与本地少数龙头企业开展关系型投资,它其实是一个"变相"的信贷配给,只是以重复放贷为表现,当然不满足金融机构要求的农户被排挤出信贷市场之外,这与利率管制时期的放贷行为并无本质差异。在信贷配给类别上,刘西川等运用调查数据分析了几种不同的信贷配给类型,结果显示交易成本配给最多,因而建议农村信用合作社在产权、制度和公司治理结构上进行改善。[15]

那么,城镇化和农业现代化是互相促进的关系,还是此消彼长的呢? 韩长赋通过研究说明了城镇化水平的高低对农业生产率高低的影响。给定生产要素——土地和人口不变,那么,城镇化水平越高,在农村中的劳动人口越少,相应的人均土地量就会增加,农业生产更有利于开展规模化和集约化经营。这样,在单位面积耕地上,农业劳动生产率就会提高,农产品的商品率也会大规模地提高。[16]这是建立在所有制度性障碍——户籍、土地等约束都被消除的前提之下得出的结论。城镇化和农业现代化同步发展对经济的增长和社会事业的发展意义是否同样深远呢? 陆昊认为,我国农业现代化和城镇化对中国城乡协调发展有十分重要的意义。[17]中国的城镇化将释放出大的需求,人口的城镇化、产业的城镇化、公共服务的城镇化都需要相应的供给来满足,因而会成为继大规模基础设施投资和大量的出口导向后,引领经济发展的又一大动力,也为世界经济的发展提供了潜力巨大的需求市场。

可见,国内外学者都从发展农业现代化和城市化的角度肯定了它们对促进城乡一体化的发展的作用。其中对城市化的路径选择、城乡二元结构、政府和市场在城市化中的作用的讨论将直接为我们接下来的具体分析提高了扎实的文献基础,我们的讨论也会基于以上问题展开。

注　释

[1] 参见王云、马丽、刘毅:《城镇化研究进展与趋势——基于 CiteSpace 和 HistCit 的图谱量化分析》,《地理科学进展》2018 年第 3 期。

[2] 参见姚士谋、吴建楠等:《农村人口非农化与中国城镇化问题》,《地域研究与开发》2009 年第 6 期。

[3] 参见李强、陈宇琳、刘精明:《中国城镇化"推进模式"研究》,《中国社会科学》2012 年第 7 期。

[4] 参见吴业苗:《农业人口转移的新常态与市民化道路》,《农业经济问题》2016 年第 3 期。

［5］参见周蕾、谢勇、李放：《农民工城镇化的分层路径：基于意愿与能力匹配的研究》,《中国农村经济》2012 年第 9 期。

［6］参见贺雪峰：《为谁的农业现代化》,《开放时代》2015 年第 9 期。

［7］详见［日］速水佑次郎、［美］弗农拉坦：《农业发展：国际前景》,吴伟东等译,商务印书馆 2014 年版。

［8］详见［日］速水佑次郎、［美］弗农拉坦：《农业发展：国际前景》,吴伟东等译,商务印书馆 2014 年版。

［9］参见陈斌开、林毅夫：《发展战略、城市化与中国城乡收入差距》,《中国社会科学》2013 年第 4 期。

［10］参见高梦滔、姚洋：《农户收入差距的微观基础：物质资本还是人力资本?》,《经济研究》2006 年第 12 期。

［11］参见谭永生：《农村劳动流动与中国经济增长》,《经济问题探索》2007 年第 4 期。

［12］参见国务院发展研究中心和世界银行联合课题组：《中国：推进高效、包容、可持续的城镇化》,《管理世界》2014 年第 4 期。

［13］参见刘红梅、张忠杰、王克强：《中国城乡一体化影响因素分析——基于省级面板数据的引力模型》,《中国农村经济》2012 年第 8 期。

［14］参见丁志国等：《我国城乡收入差距的库兹涅茨效应识别与农村金融政策应对路径选择》,《金融研究》2011 年 7 月。

［15］参见程恩江、刘西川：《小额信贷缓解农户正规信贷配给了吗?——来自三个非政府小额信贷项目区的经验证据》,《金融研究》2010 年 12 月。

［16］参见韩长赋：《加快推进农业现代化,努力实现"三化"同步发展》,《农业经济问题》2011 年第 11 期。

［17］参见陆昊：《"十二五"时期经济社会发展的几点思考》,《经济研究》2011 年第 10 期。

第三章　中国的城市化进程

现阶段中国城市化,是伴随着工业化、信息化、农业现代化发展过程的同步推进,由体制转轨、结构转化、供给侧改革构成了现阶段中国经济发展的基本格局。本书讨论的城市化,是以城乡统筹、城乡一体、要素互通、和谐发展为基本特征的城市化,是新时代中国特色社会主义发展的重要实践,是区别于"造城运动",是以人为核心的城市化,注重保护农民利益,既与农业现代化相辅相成,又注重新型城市建设中综合协同对其发展起支撑作用的产业、人口、社会和生态环境、公共服务等要素,在建设中严格执行土地、产业、人口、社会的城镇化相统一。

第一节　中国城市化发展现状

根据国家《城市规划基本术语标准》,我们将城市化定义为农村向城市的人口的迁移、生活方式生活习惯的转化和工作方式的转换。城市化不仅是农村人口向城市转移,二、三产业向城市集聚,从而使城镇数量增加、规模扩大、现代化和集约化程度提高的过程,而且也是城市文化、城市生产和生活方式、城市价值观念向农村渗透融合的过程。显然,城市化至少应包括以下五个方面内涵,即:(1)乡村地区向城市地区转化;(2)农村人口向城市人口转化;(3)二、三产业向城市集中;(4)市民为主的社会结构形成;(5)不同层级的政治、经济、科技、文化、教育中心形成。

《国家新型城镇化发展规划 2014—2020》指出,新型城镇化是人口、产业、社会保障、公共服务等全方位发展的城市化。这里的"新",体现在观念更新、体制革新、技术创新和文化复兴,是区域城市化、社会信息化和农业现代化的生态发育过程。新型城镇化就"新"在城乡统筹的一体化发展上。中国特色城市化的涵义,就是把工业与农业、城市与农村、市民与农民作为一个整体,通过体制改革、机制创新和政策调整,实现城乡的逐步融合和一体化发展。

最近三十多年的城市化发展实践中,中国城镇化取得了非常大的进展。就统计数据来看,在常住人口、城市数量上都取得了飞速的扩张。如图所示,出现了 6 个千万以上的超大人口城市,基础的建制镇也从 1978 年的 2 173 个发展为 19 410 个。在此过程中,形成了人口较为集聚的三大城市群,带动着我国城镇化的快速推进。

城市化的快速推进中,相关的基础社会配套服务全面开展。科、教、文、卫、环保事业发展有了明显提高;城镇的人口吸纳和服务能力显著提高,加速了各资源、要素的集聚,提高了配置效率,极大提高了居民生活水平。逐步推进的城镇化带来了深刻的经济社会变革,促进了我国经济的转型发展。

表 3.1　城市(镇)数量和规模变化情况(单位:个)

	1978 年	2010 年
城　　市	193	658
1 000 万以上人口城市	0	6
500—1 000 万人口城市	2	10
300—500 万人口城市	2	21
100—300 万人口城市	25	103
50—100 万人口城市	35	138
50 万以下人口城市	129	380
建制镇	2 173	19 410

数据来源:《国家新型城镇化规划》2014 年。

表 3.2　城市基础设施和服务设施变化情况

指　　标	2000 年	2012 年
用水普及率(100%)	63.9	97.2
燃气普及率(100%)	44.6	93.2
人均道路面积(平方米)	6.1	14.4
人均住宅建筑面积(平方米)	20.3	32.9
污水处理率	34.3	87.3
人均公园绿地面积(平方米)	3.7	12.3
普通中学	14 473	17 333
病床数(万张)	142.6	273.3

数据来源:《国家新型城镇化规划》2014 年。

　　当然,作者这些指标并非城乡一体化的关键。城市化的关键是人,以及与迁移人口相关的就业和社会保障。否则,一味将发展指标落在规模扩大、基础设施进步,只能是城市的片面发展。在实现人的城市化和市民化方面,当前较为普遍的现象是,部分农民进城后,仍然很难摆脱"半城市化"状况:就业在城市,户籍在农村;主要劳动力在城市,其他家庭成员在农村;主要收入来自城市,积累和消费在农村;日常生活在城市,逢年过节回农村。一些论者将这些问题仅仅归咎于现有的土地、户籍等制度的管理安排,但从根本上说,这只是农民和市民在身份、权利上的某种象征。解决问题的关键是保障农民进城后公用服务均等化的利益分享和资源分配以及可得到公平机会和待遇的工作,也就是其身份和权益能否真正落实的问题。

从世界范围的城市化进程的大视角来看,中国的城市化正是在百分之三十到百分之七十的转折期。全国城镇人口由2000年的4.58亿人增加至2014年的7.49亿人,增长了63.5%。但与此同时我国城市建成区面积由2000年的2.24万平方公里上升至2012年的4.98万平方公里,增长了122.3%。在肯定这些快速发展的同时,我们要仔细考虑土地的城镇化与人口、产业以及社会服务的融合是否达到了统一,农民在这个过程中是否得到了切实的利益,城乡二元结构是否得到了真正的缓解。

根据近些年的观察,以往"盲目造城"运动下的发展模式已不能带来经济社会的持续增长。那种城市化模式就同我国前些年的经济增长一样,粗放型的发展模式尽管指标亮丽,却暗含各种经济社会危机。产业结构不合理、生态环境和社会环境差,或有城无人或秩序混乱,都是常见的粗放型城镇化发展的结果。在国内外经济发展形势发生转变,我国发展进入"新常态"的背景下,城市化的发展必然要求是以提高品质、以人为本为要求的城市化模式。

所以本书讨论的城市化,是以城乡统筹、城乡一体、要素互通、和谐发展为基本特征的城镇化,是以人为核心的城市化,注重保护农民利益,既与农业现代化相辅相成,又注重城市的建设中综合协同对其发展起支撑作用的产业、人口、社会和生态环境、公共服务等要素,在建设中严格执行土地、产业、人口、社会的城镇化相统一。

国家发展改革委员会发布的《关于实施2018年推进新型城镇化建设重点任务的通知》中指出,中国的新型城镇化战略,是"以促进人的城镇化为核心、提高质量为导向"的城镇化。在城市化模式上,开始全面实施城市群规划,稳步开展都市圈建设,加快培育新生中小城市,引导特色小镇健康发展。

(1)城市群规划。开始编制实施粤港澳大湾区发展规划,关中平原、兰州—西宁、呼包鄂榆等跨省区城市群规划也已出台,长三角、长江中游、成渝、中原、哈长、北部湾等有长久发展基础的城市群进入提速发展阶段,通过合理的规划布局和协同发展措施,促进城市群内大中小城市和小城镇网络化发展。

(2)都市圈建设。在城市群的基础上,选择空间内若干中心城市,通过合理的产业布局、基础设施、公共服务提升城市容纳力和对人口吸引力,提升都市圈的协同效应和一体化程度。

(3)中小城市培育。通过优化城市市辖区规模结构,撤县设市、撤地设市,以及在城市群和国家新型城镇化综合试点地区的县和非县级政府驻地特大镇率先设市。通过培育新兴中小城市,实现城市群充分平衡发展。

(4)特色小镇发展。全国范围内目前已公布的特色小城镇

有 403 个,针对这些小镇,在发展定位、配套政策等方面进行优
化调整。

第二节　中国式城市化特征:制度与路径

在新古典经济学传统下,制度和政府因素一直被视为外生
变量而被排斥在主流经济学分析之外。在那里,运转良好的市
场体系、完善的法律制度和信用制度、明晰的产权结构、有效的
技术创新激励机制都被看做是既定的分析前提。因而在新古典
经济学的分析范式下,城市化可以通过市场机制自发完成。但
是这个过程发展的前提,是建立在无交易成本的完全市场经济
条件下。

在实际中,特别是对于发展中国家,城乡经济要素流动存在
的种种障碍和壁垒,解决这些问题需要制度创新和政府介入。
在城乡关系发展上,我们引入制度变迁的概念。1949 年新中国
建立以来,我国的城乡关系发展受国家发展战略和制度安排的
影响深远,城乡二元结构随国家战略和制度安排而经历兴起、减
弱、加强、趋弱的演化过程。因而基于制度变迁理论的发展视
角,对于我们系统考察新中国城乡二元结构的发展演进有重要
意义。

一、中国城市化与城乡关系发展历程

首先分析新中国建立以来的城市化发展历程。中国的城市
化历程,其形成有深刻的政治历史背景。

表 3.3　1949 年以来我国城乡关系和城市化演化发展过程

年份与特点	背景	城乡关系	城市化特征	关键制度
1949—1952 年：分化与流动	整个国家百废待兴,经济基础薄弱	城乡间土地、资本、劳动力自由流动	城市运行非商品经济机制;城市化对非农就业吸纳能力低	农民土地私有;计划经济
1953—1958 年：城乡分治	过渡时期总路线优先发展重工业	城乡二元结构初步形成	城市化发展缓慢	统购统销限制了农业现代化;1958 年户籍制度确立
1959—1978 年：城乡分离	计划经济体制下,通过把农民完全束缚在土地和农村实现社会稳定	城乡二元固化,城乡间生产要素的自由流动完全被阻碍	政府对城市和市民实行"统包",对农村和农民则实行"统制",城市化基本停滞	人民公社;严格的城乡户籍制度的执行;政府的计划调拨和交换机制
1979—1984 年：协调融合	十年"文革"结束,开始农村为主导、城市相配合的改革	城乡二元结构明显松动,城乡差距日益缩小	以农村经济体制改革为主要动力推动城市化。乡镇企业促进小城镇发展	家庭联产承包责任制;大幅提高农产品收购价格;城市发展方针"控制大城市规模,合理发展中等城市,积极发展小城市"
1985—2002 年：融合失衡	改革重心放在城市,有利资源和政策都偏向城市	城乡二元结构明显,城乡差距加大	以城市建设、小城镇发展和经济开发区建设为城市化主要推动力	1984—1986 年"撤社建乡",降低建制镇标准;1993 年确定了以小城镇建设为重点的村镇建设方针;2000 年"十五"规划提出稳步实施城镇化战略
2003—至今：统筹一体	解决"三农"问题和缩小城乡差距成为政府工作重心	政府致力于消除城乡二元结构,促进城乡一体化,但尚需时日	城市化由沿海向内地展开,城市群、都市圈、中小城市、特色小镇协调发展	2006 年农业税取消;2004 年起连年出台"一号文件"促进农业农村农民发展;户籍制度逐步放松;2018 年"十九大"乡村振兴

资料来源:历年政府工作报告和"一号文件"。

从表格中我们可以看出，中国城乡关系经历了曲折、反复的探索过程，城市化在改革开放后才进入快速发展时期。然而，前期快速的城市化发展，带来的是城乡分割的加剧。直至进入新世纪，才开始在推动城市化的基础上，消除城乡二元结构，缩小城乡差距。

总体而言，第一阶段为改革开放之前，中国的城市化发展以政府主导为表现，城市化过程中的区域发展受到高度集中的计划体制的影响，城市的运行机制具有高度的非商品经济的形态。城乡关系表现为，二元结构形成并在总体上逐步固化，城镇经济成为发展的重心，经济社会全面形成对城乡间要素流动的壁垒；

第二阶段为1979—1984年，以农村经济体制改革为主要动力推动城市化，乡镇企业促进小城镇发展。城乡二元在政策上出现明显松动，农村改革为主导充分调动农民生产积极性，提高劳动生产率，缩小城乡差距；

第三阶段为1985—2002年，中国的城市化以城市建设、小城镇发展和经济开发区建设为城市化主要推动力。经济社会发展重心转到城市，城乡二元结构明显加剧，城乡收入、社会保障各方面政策加大城乡失衡；

2003年以来，面对日益加大的城乡差距、严峻的二元结构，政府把工作重心放在消除城乡二元结构上，从2004年至今共发布14个"一号文件"聚焦农村农业农民，力图在制度上为城乡二元结构的转化铺平道路，城市化由沿海向内地展开，城市群、都市圈、中小城市、特色小镇协调发展。

具体而言，第一阶段：计划经济时期是我国二元结构形成并逐步固化的阶段，人为地扭曲生产资料的流动，要素市场的配置不合理,通过制度性壁垒造成资源流动扭曲,从这个阶段开始我国城乡分割,二元结构逐步呈现,城乡壁垒人为地组织了人口从农村流入城市。这个时期,通过扭曲生产投入和生产产出的价格的宏观制度性因素、高度集中国家意志力为主体的资源安排以及没有生产经营自主权的微观经济主体共同构成了我国"三位一体"的传统经济体制。[1]

我国城乡二元结构形成于"一五"期间,在"过渡时期总路线"指导下集全国资源优先发展重工业。尽管在当时的国内外发展局势下优先发展重工业有一定的战略意义,但是这是以损害要素配置效率、牺牲农业生产作为代价的。国家实行的计划经济体制严重阻碍了资源的自由流动,为了保障有力资源对重工业部门的支持,生产、消费领域的价格均受到扭曲。

如此发展模式,尽管带来了国民经济的快速增长,但是人均国民收入并没有在同时期得到提高,农业生产也收到了极大的损害,一方面带来农业生产率的长期低速增加,剩余劳动力在农业部门得不到释放,影响着农村社会稳定;另一方面,开始形成刘易斯二元结构的显著特征——传统农业部门和现代工业部门不均衡发展,使得中国的城乡关系开始割裂,建立在产业结构扭曲上的城乡失衡逐步发展并开始固化。

第二阶段:1978年改革开放以后的中国城市化进程,以我国的经济发展高速增长为依托条件,乡镇企业快速腾飞,此期间,这个阶段的城市化具有恢复性质,特征表现为小城镇迅速扩张、"先进城后建城市"、"人口就地城市化"。在经济高速增长而城乡户籍分隔的背景下,积极发展小城镇就必然成为可供政府选择的最佳城市化政策。中国的城市化终于由被压制转为松动和放开,过去那种控制城市人口增长和城乡分隔的政策被鼓励小城镇发展的政策所取代。

　　经济体制改革使中国城乡二元结构得到了松动,城乡割裂的关系得到了缓和。改革的起点与落脚点都是提高社会主义建设者的劳动生产积极性,试图通过建立劳动激励机制——在城市部门和农村部门的同步推进,使得劳动者的生产积极性得到相当大的提升。在农村改革领域,生产体制变革为家庭联产承包责任制,明确的产权改革解决了人民公社时期的委托—代理问题,大大提升了农业生产效率。在城市体制改革方面,开始了现代企业制度的改革,例如"调整国家和企业利益关系"、"赋予企业生产经营自主权"、"构造适应市场经济体制的企业制度"等一系列措施的实行。力图经过国有企业的改革,解决其发展中长期存在的弊端,建立现代企业制度解决委托—代理问题,激发国企活力,实现资源的优化配置,使得国有企业市场化程度得到了明显的提高。商业形态上,出现城乡集市贸易,大量的农民进入城市和小城镇,城镇暂住人口成为普遍情形。在农村地区的生产中,出现了另外一支生产队伍,即乡镇企业,它的出现因应了制度创新的方向和我国工业化建设的大背景,它以较低的成本快速而直接地吸收了农业体制改革后释放的大量劳动力,资源配置效率相对较高,因而有着较强的生产竞争力。

　　这期间,对农业基本经济制度的改革,由家庭联产承包责任制改变以前的人民公社,是中国经济社会发展中关键性的制度变革。我们知道,家庭式的小农生产方式并非这期间的革命性组织方式,但它的实施对于劳动的激励和生产力的释放有着重要的历史性意义。

　　第三阶段:上世纪 80 年代中期以后,中国的城市化进入了乡镇企业和城市改革双重推动阶段。这个阶段以发展新城镇为主,沿海地区出现了大量新兴的小城镇。1984—1986 年"撤社建乡",并降低建制镇标准;1992—1994 年,国家对乡镇实行"撤、扩、并",结果三年里建制镇又增加 7 750 个,同前三年增长量一样。1993 年 10 月,建设部召开全国村镇建设工作会议,确定了以小城镇建设为重点的村镇建设工作方针。1997 年 6 月 10 日,国务院批转了公安部《小城镇户籍管理制度改革试点方案》和《关于完善农村户籍管理制度意见》的通知。允许已经在小城镇就业、居住并符合一定条件的农村人口在小城镇办理城镇常住户口,以促进农村剩余劳动力就近、有序地向小城镇转移,促进小城镇和农村的全面发展。2000 年 10 月,中共中央在关于"十五"规划的建议中提出"随着农业生产力水平的提高和工业化进程的加快,中国推进城市化条件已渐成熟,要不失时机实施城镇化战略"。

　　但是伴随着城市化的快速推进,我国的城乡分割态势强化,经笔者测算的城乡二元对比系数开始飞速上升。有多个原因可以解释这个时期的城乡关系转折。首先,这期间农村经济体制的制度变革基本处于停滞状态,国家把发展的重心重新移回城市。土地交易的制度供给不足和土地细碎分割的现状,使得土地对劳动力形成了一定程度的束缚,生产制度对劳动生产率和农业产出率的提升作用显著降低。其次,乡镇企业的推进尽管在一时间吸纳了一定量的劳动力、使得城乡收入差距有所减少,推动了城乡二元结构的弥合,不过其区域性和封闭性的特征使得乡镇企业在配置资源方面有一定的局限性。加之企业的盲目性和同质性,乡镇企业范围内的产业结构不合理使得其在几年的突飞猛进后进一步发展动力不足,因而进一步提高吸纳剩余劳动力的能力也逐渐减弱。[2]最后,国企改革期间城市出现了失业下岗潮,农村劳动力转移困难,城市失业与农村隐蔽性失业现状并存。

综上所述,改革开放以来,中国城市化政策的变化,主要体现在两个方面,一是由过去实行城乡分隔,限制人口流动逐渐转为放松管制,允许农民进入城市就业,鼓励农民迁入小城镇;二是确立了以积极发展小城镇为主的城市化方针。

第四阶段,21世纪以来,城市化由沿海向内地展开,城市群、都市圈、中小城市、特色小镇协调发展。国家把农业、农村、农民"三农"问题作为工作的重心,力求通过提高农村内生发展能力来促进城乡一体化进程。但是存在对以往发展的某种程度的"路径依赖",这主要是由于经济社会体制变革涉及利益格局的调整和改变,而利益格局调整能否顺利推进却取决于城乡居民对政府政策制定的影响力。由于不同社会群体的政策影响力存在着事实上的差异,其结果是原有的"城市偏向"政策仍然存在某种程度上的延续。尤其是1994年在中国实行"分税制"改革并在2006年普遍取消了农业税,由于农业和农业经济对地方GDP以及地方财政收入的直接贡献程度减弱,因此,许多地方政府往往会基于"行政锦标赛"的压力而在政策执行上仍坚持重城镇部门、重非农产业的传统思路。[3]因而,在我国城市化过程中,城乡关系依然存在许多亟须解决的问题,需要我们逐一破解。

二、城市化路径选择对比:政府还是市场

城市化是一个大的系统,涉及经济社会中的方方面面,劳动、资本、土地、技术等的有效流动与合理配置,以及基本公共服

务的提供和城乡间市场机制的建立。因而,关于建设城镇化的问题,究竟是市场多一点还是政府多一点,始终是近些年来讨论的焦点。按照马克思的理论,城市的出现是生产力发展到一定历史阶段的产物,同时也是生产关系做出的与生产力发展要求相符合的调整和修正的产物。这个生产关系的调整,既有在政治力量和资源权力上处于优势地位的政府的制度安排,也有市场机制要素流动和配置效率上自发的功能增强的过程。

那么,城市化的制度变革就有两条路径:一是通过政府行为改变城乡居民在城乡分割制度变迁中的权力基础,即我们通常所说的强制性制度变迁;二是通过诱致性制度变迁,依靠经济发展中的要素主体进行自下而上的变革,在中国主要反映在通过产业结构变革带动经济社会结构变革。这也是林毅夫在其制度变迁理论中的主要思想。

分析中国的城市化进程,不同地区不同的历史逻辑起点造就了不同的城市化道路。浙江、广东等地首先做的不是制度选择而是技术选择和产业选择。选择符合当地区位优势和资源优势的相关产业和技术,吸引人口集聚。当产业、技术水平达到一定规模的水平时,人口、土地、公共服务相关的一系列相关政策需求会倒逼政府进行改革。这时政府的职能体现在秩序规范和被动的制度供给上。而上海、天津等地是以政府制度创新为主线,通过快速聚集资金、政策、产业和人口,不论是发展现代城镇还是改造传统乡村,及时有效地制定相应的城乡统筹的城镇化发展战略。

1. 案例比较:城市化建设模式的探讨

作者选取的样本,是广东、浙江、上海和天津的七个特色城镇,它们代表着不同的发展模式,在推进城市化建设上都有着可推广可借鉴的经验。其中,深圳的光明新区位列国家第一批新型城镇化试点,天津的华明街是第二批新型城镇化试点。接下来,作者先从调研中得到的实际情况开始介绍,然后分析它们发展的异同点。

表 3.4　新型城镇发展状况:七个特色城镇发展之比较

地　区	基本情况	区域定位	产业特色	城市建设	公共服务
广州市增城区新塘镇	85.09 平方公里,户籍人口 12.8 万,常住人口 49.05 万	广州东部新城区的重要组成部分,广州市新的经济增长点	牛仔裤产量占全国 60%,依托雄厚的乡镇企业基础,现成为加工制造基地和区域物流中心	建成容纳 30 万人的凤凰居住社区,实行社区化管理;在安置区就地为农民创造就业。但身为全国特大型城镇,现仍为科级单位,社会管理比较滞后	道路失修,交通管理混乱,对外来人口和农民工的公共服务(主要医疗、教育)力不从心
深圳市光明新区	156 平方公里,户籍人口 6 万,常住人口 49 万,实际管理 150 万人	深圳北部功能新区,城市副中心,国家新型城镇化综合试点单位,深圳产城融合的样板区	主要发展未来产业,生命健康、智能装备、文化创意、现代商贸	以绿色为主基调,生态控制线占新区总面积的 53%,成为全国已评定和在建绿色建筑最多、最大的"绿色建筑示范区"	政府 80% 以上财力投入民生领域,大力实施就业、创业、学业三业工程,外来人口积分落户和居住证制度并行;通过发放教育券,政府购买民办学校教育,满足居民需求
上海市青浦区徐泾镇	19 平方公里,户籍人口 2 万,常住人口 13 万	上海继浦东新区后向西发展的新的增长极	20 世纪 90 年代抓住上海退二进三机遇成为上海近郊最早发展的工业重镇,现依托西虹桥发展会展业、战略性新兴产业,着重以楼宇经济为载体的集体经济发展模式	行政区与功能区重叠。原徐泾镇行政管理体制未变,2009 年 10 月成立商务区管委会;功能区开发建设由隶属于青浦区政府全资的上海西虹桥商务开发有限公司负责	现抓住西虹桥开发机遇在完善全镇基础设施配套建设及功能改造,突出商务服务和生活服务功能,建设都市型新乡镇

（续表）

地　区	基本情况	区域定位	产业特色	城市建设	公共服务
上海市松江新城	已由60平方公里拓展为160平方公里,管理人口90万	上海市"一城九镇"战略中的"一城","十二五"期间上海战略目标向郊区转移的发展重心	最初以房地产开发启动,现包含婚庆产业、时尚传媒、高端设计、电子商务、休闲旅游和大学城等	采用政府推动、市场化运作思路,建立城市建设投融资新体制,城建公司和社区管理多元投资,商业化开发	地铁等交通方便,通勤时间短,围绕大学城和地产业以人为中心发展完备城市功能,环境优美,服务健全
浙江省余杭区塘栖镇	79.53平方公里,户籍人口9万多,常住人口12.3万人	浙江省新型小城市首批试点	90年代工业第一大镇,传统产业有铸造、机械;现建立高新技术开发区,发展高科技装备制造业;借助运河发展全域旅游,农业特色是枇杷、蚕桑	余杭区行政级别为副地市级,塘栖镇处于副地市级和处级之间;强镇扩权,成立塘栖镇行政审批服务中心	医疗、教育资源较周边区域明显,水平仅次于市区,利用这个优势平台吸引高水平优秀教师、医生等,同时提高相关公务服务水平
浙江省绍兴市柯桥区钱清镇	53平方公里,23个村;户籍6万,外来人口10万,常住16万人	浙江省新型小城市首批试点	第一次创业形成纺织为主导的优势产业,中小企业多;第二次创业建成国际最大纺织原料市场;第三次创业规划发展高端制造、电子商务园区、物流园	区域内25个村都有公交车、自来水网、污水控制。两个村设一个社区服务站,农村环境卫生列入考核,将考核结果纳入公务员的绩效薪酬	社会服务业发展投资几千万,已实现农村医疗保险全覆盖,本地从小学到高中的教育水平与柯桥区相平,绍兴市中心医院分院落户钱清镇
天津市东丽区华明街道办事处	76平方公里,12万人	天津市首批小城镇建设试点	依托复垦区农业园发展都市农业,工业园区发展高端装备制造业	通过宅基地换房,街域11个村居民全部迁入新居。已成立城市管理办公室,将"涉法"部门的相关职能整合在一起,形成"一支队伍管全部"	通过"三改一化",实施村集体经济组织股份制改革,户籍制度改革将农业户口改变为非农户口,组建社区居民委员会

资料来源:作者2015年5月在上海、天津、广东、浙江的调研。

中国改革开放的 40 年来,东南沿海地区浙江、江苏、广东、福建等一些省份,通过农业劳动力就地转移和小城镇的发展道路,有效地避免了二元分化所带来的农村衰落和农民贫困,不仅大大降低了农业牺牲所带来的成本,而且也大大降低了工业反哺农业所带来的成本,从而加快了区域的工业化进程和区域经济的发展。

珠三角地区的产业发展比较成熟,其三次产业比为 1.5∶87.4∶11.1,显示出工业所占的分量之重。就产业特点来看,多是劳动密集型的传统制造业为主,其中牛仔服装的加工制造全国领先。这样,新塘镇在牛仔服装产业发展需求下形成大量的人口集聚,很多打工人口逐渐变成常住人口在新塘工作生活。人口和产业的集聚发展大于城镇和社会建设,社会治安和社区管理问题比较严重。近年来政府开始着重解决这些问题,开展新型城镇化建设,产业上紧紧围绕牛仔服装产业进行,加强纺织服装产业转型升级,以国家级经济技术开发区作为新的战略空间,打造"两轴驱动、两心带动、三区培育、五区集聚"的产业空间格局,实现"以产带城";社会和人口管理上,进行社区化建设,在其大型工业园旁边兴建了 30 万人容量的现代化社区,以城兴产。

深圳也是产业发展带动城乡一体化的典型案例,大致经历了相似的产业变迁过程,在深圳产业发展形成完整产业链、业态相对较成熟的后期,政府开始着重加强对城镇的管理与建设,打造新型城镇化发展的样本。光明新区就是其中之一。在管理方式上,深圳市政府在光明新区设置派出机构,直接负责当地的城镇化建设,简化了行政流程,降低了行政成本,有利于光明新区发展的利益诉求直接向市政府的反馈。在城市建设上,光明新区严格落实国家新型城镇化发展规划,制定具体的生态控制线,力求在新型城镇化建设中突出亮点打造"绿色名片",建成全国的"绿色建筑示范区"。

浙江绍兴的城镇化发展路径相似。这里在商品贸易的基础上逐渐形成了轻纺生产和交易的集聚。政府为进一步规范产业发展和人口流动,于2006年建设了亚洲最大的纺织及原料的生产和销售基地,搭建了绍兴市城乡一体化联动发展的集结点,形成产业、人流、资金流的集聚,吸纳了大量的周边农村劳动力在此工作定居。浙江塘栖镇的发展也类似,只是它的支柱产业是传统装备制造业,在新时期产业结构转型阶段对接杭州市的未来科技城努力打造成先进装备的生产和集散地,实现产业结构的转型。在工业区和居住区的建设上注重合理规划,空间分布上形成"四大居住片区"的居住总体结构,"二心三区二园"的工业用地结构、"两区、多点、多廊"的绿地结构、"四核心、多点配套"的公共服务设施结构。

从以上的案例分析我们可以看出,浙江的新型城镇化建设的一个鲜明特色是注重发展以特色产业为依托的新型小城镇。1995年就开展小城镇综合改革试点的浙江省发展至今,小城市、新型城镇发展已非常成熟。这些各具特色的城镇很多是在乡镇企业的基础上,人口跟随产业需求产生人口集聚和产业集聚,之后演化为城镇。经过多年的发展,浙江省开始整合资源全力规范、培养可推广可试验的城镇化建设模式,选取面积大、人口多、经济实验力强的中心镇培育小城市,绍兴钱清镇和杭州塘栖镇均位列其中。它们获得"强权扩镇"待遇,有着与县级政府基本相同的经济社会管理权限,完善小城市机构设置,拓展行政区划发展空间,建立建设用地支持保障制度,获得有利的信贷支持,财力分配获倾斜,税费获支持,打通产业和城市的联结。

上海市松江新城是新型城镇化发展的另一种典型。上海市通过小城镇建设的城乡一体化进展至今已经有十多年的实践经验。2011年以后,提出以新城建设为重点,构筑城乡一体、均衡发展的城镇发展格局,重点推进郊区新城、新市镇、大型居住社区建设。坚持城乡一体、均衡发展,推动建设重心向郊区转移,深化完善市域城镇体系,基本形成健全的基础设施保障体系。在过去的五年里,松江新城以居住社区为主要功能建设,着力打造地产业,形成上海市的西部"卧城"。人口的集聚和基础设施配套的完备使松江新城有了城镇雏形,在产业建设上开始因地制宜地发展"泰晤士小镇"休闲旅游和婚庆产业链。该区城市功能完备,环境优美,商业繁荣,社会和谐,宜居宜业;现已发展成为具有两个工业区,多个居住区;以婚庆产业、休闲旅游、文化创意产业等新型服务业为特色的新型城乡一体化的新区;上海市政治、文化、教育和居住的新中心。

徐泾镇在青浦区,处于上海近郊区,受主城区辐射带动,产业起步较早,但多以传统制造业和粗放物流业为主,产业布局凌乱,人口集聚水平不高。在上海市新一轮的发展大潮中,徐泾镇借势西虹桥商务区的发展,在产业和城市配套上对接虹桥。一方面,西虹桥商务区带来的大量的物流、人流、资金流、信息流,这不仅会促进徐泾在道路、绿化、信息基础网络等基础设施等方面的提升,推动全镇商务环境的改善,也为全镇提供了多方面的发展机遇。另一方面,西虹桥商务区的核心产业——会展服务业涉及交通、旅游、广告、装饰、边检、海关以及餐饮、通信和住宿等诸多部门，可以衍生出大量相关的配套需求，徐泾镇都可把握机遇积极进行产业对接。镇政府在发展理念上坚持从传统乡镇向现代的新型城市转化，这个现代体现在产业的现代化、公共服务的现代化、人口的现代化和城市布局的现代化，努力打造上海市的城市副中心，加大城乡一体化的发展步伐。

　　天津的城市化建设已有十年的经验，在城市化建设中体现了国家本轮新型城镇化的发展思路。以华明为例，其建设始于"宅基地换房"进行的土地制度方面的突破，并很好地实现了土地和资金的平衡：全镇原有一万二千多亩宅基地，政府集中起来将其中八千四百亩地用于小城镇建设，其余全部复垦。在这八千多亩的城镇化建设用地中，农民的还迁宅占三千三百多亩，相应的配套建设资金要四十亿；另外将近五千亩通过出让可获得五十亿的出让收入，这样一来，城镇建设做到了平衡有余。随后通过"三区联动"——居住社区、工业区和现代农业区联动将产业和人口紧密联系起来，不但保障了失地农民的工作问题，而且使城镇的发展有着良好的结构合理的产业支撑。

　　土地约束解决后，政府对另外一项重大制度制约——户籍制度进程了改革，通过"三改一化"着重在农民身份、权力、公共服务等层面探索制度创新。在新一轮城镇化建设的大背景下，华明街开始探索先进的城市公共服务建设，在智慧政务、智慧社区、智慧健康、智慧教育、智慧安全和智慧环保等领域全面发展"智慧城市"，同时探索常住人口制度吸引"智慧新居民"。我们可以看出，华明的城市化建设是层层推进、动态有序的制度创新过程，每个阶段的推进背后的制度创新都是重要而且必要的，在实现真正意义的城乡一体化道路上进行了有意义的探索。

2. 制度供给分析

容易发现,浙江和广东的城镇化是渐进的,它们首先做的不是制度选择,而是技术选择和产业选择。选择符合当地区位优势和资源优势的相关产业和技术,吸引人口集聚。但在产业快速发展带来劳动力等生产要素急速集聚的同时,高工资所引致的流动人口增加却部分地抵消了这些城镇在城市建设与服务方面的优势,如广东新塘镇所呈现的社会管理方面的诸多问题,道路、交通等管理的混乱以及教育、医疗等公共服务的供需失衡。

市场机制的不完善带来一系列政治、经济问题,在这个时候,及时的政府制度供给就显得格外重要。当产业、技术水平达到一定规模时,人口、土地、公共服务相关的一系列相关政策需求会倒逼政府进行改革。这时政府的职能体现在秩序规范和被动的制度供给上,而这样的制度供给是内生于人口和产业的发展需求的。因而,在两省的城乡融合的过程中,政府的介入和政策偏好实际上是内生的。它们解决城乡二元结构的发展路径是一致的,都是先自发性发展、后政府介入指导,政府与市场协调,指导性政策与市场的自由选择结合。

而从上海、天津城市化的发展路径来看,诱致性制度变迁推动的城镇化之外,以制度创新为主的政府引导和推动机制在城乡一体化发展中能快速聚集资金、政策、产业和人口,不论是发展现代城镇还是改造传统乡村,通过制定相应的城镇化发展战略,如强镇扩权、城乡统筹、产业支撑等,通过微观层面不断的制度创新和宏观层面的区域发展政策,实现对区域内的城镇化速度、水平、模式和路径的有效推动与引导。上海西郊青浦区徐泾镇已经是一个经济社会比较发达的近郊城镇,在上海市新一轮的城市规划中,再次被提升为上海西部重要的大虹桥商务区内核心区和拓展区的重要部分,产业发展的目标也提升为国际会展和导航等战略新兴产业。在组织机构方面,在不同的工作领域成立专门的部门制定政策,注重利用政府的宏观导向效应引导城镇化发展的合理性。

不论是强制性制度变迁还是诱致性制度变迁,在经济社会发展中,都要遵循一个规则才能达到"稳态的均衡",那就是要素配置的合理性。就当下城市化而言,土地城市化、人口城市化、产业城市化、社会城市化一定要保持平衡,才是真正有意义、能够促进城乡二元机构转化实现城乡一体的城市化。

这两种发展路径,要相应避免两种极端,一种是政府驱使型的新城区和新工业区遍地开花,只有土地和资本的堆积,却缺乏人气和产业,使得人口密度极低投资没有后续效应,给政府带来高筑的债台;另一种是市场自发形成的人口和产业的聚集,但是由于政府的缺位带来社会治安的恶化、公共服务的缺失和劳动人口福利的受损。总而言之,城镇化的建设要使得"人口和土地的集聚所带来的边际效益(经济和福利的增量)一定要大于边际成本(例如因污染、社会不安定所带来的成本)"[4],这样的城市化才是可持续的。如果人口和土地的集聚并不带来集聚效益,即并不产生净经济增量,那么这种无效率的要素配置使得城市的净集聚效应为负,在自由流动环境下的城市破产。

尽管我们刚才的分析,将浙江、广东的城镇化发展归结为市场的自发行为,但是在城镇形成一定规模、向规范化新型城镇化发展的道路上,依然需要政府的制度供给,来解决市场经济的无序发展问题。

比如,广州的新塘镇在公共服务、社会治理方面政府功能的行使,保障了城镇的正常运转,又如,光明新区的设立本身也是政府意志的产物。还有浙江开展六年的中小城市培育试点,通过"强权扩镇"使新型小城镇有着与县级政府基本相同的经济社会管理权限,拓展行政区划发展空间,建立建设用地支持保障制度,获得有利的信贷支持,财力分配获倾斜,税费获支持,打通产业和城市的联结等制度创新,都是弥补诱致性制度变迁下市场失灵、推进快速城乡一体化的关键举措。还有在户籍制度改革方面,天津华明街的"农转非"户籍制度改革和深圳的"先待遇后身份"逐步剥离附着在户籍制度上的相关社会保障制度,均体现了政府通过适合本地发展的制度创新来促进城乡要素流动的意图。

新型城镇化的"新"也就体现在以人为本,人是一切要素的集合,来逐渐改革不利于城乡一体化发展的户籍制度及相关配套制度,将生产关系调整中的主要因素——人,放在首要位置。通过探索常住人口落户制度,以医疗、教育、交通等优越的公共服务,吸引高层次外埠人才,发展"智慧新居民",提升城镇的人口聚集程度和智慧水平。在产业选择上,既考虑当地的区位发展优势和资源优势,又充分考虑人口的就业和人力资本的匹配情况。不会为了产业体系的"高"、"大"、"全"和吸引"智慧新居民"而不顾市民化后的农业转移人口就业,在高、中、低档产业选择上进行合理配置,充分保障居民的权益。

从以上分析我们可以看出,政府作为城市化发展中的制度提供者,在城市化建设发展中起着非常重要的作用。尽管浙江、广东等地的城镇是在市场机制下资源自发集聚形成的城镇,这种自下而上的城镇化制度安排的基本供给主体是农村社区政府、乡镇企业、城乡家庭或个人等民间和市场力量,但在发展过程中出现的经济社会问题的解决还是由政府作为不可替代的主体来解决的。

3. 城市定位

不同农村与城市因空间上距离的不同而受到不同的辐射,发展起来也有不同的定位。我们通常上用近郊、中郊和远郊来表示距离的远近,现在逐渐开始了中心城—郊区、中心区—外围区—郊区的功能分化。上海西郊青浦区徐泾镇已经是一个经济社会比较发达的近郊城镇,在上海市新一轮的城市规划中,再次被提升为上海西部重要的大虹桥商务区内核心区和拓展区的重要部分,产业发展的目标也提升为国际会展和导航等战略新兴产业。广州市新塘镇原为全国重要的牛仔服装生产基地,现已规划为广州市东部新城中重要的经济发展区。深圳市为了缓解城区空间紧张的矛盾,依次规划了光明、坪山和大鹏新区,积极培育新的城市综合体和经济发展集聚区。绍兴市为了提升原有的纺织及原料等优势产业,将经营场所从传统的老市场转移到了柯北国际贸易区,在钱清镇建立起国际最大的纺织(化纤)原材料交易市场,使得这一优势产业借助钱清镇这一新型小城市的空间和功能而继续发展。

按照与中心城市的关系来看,可划分为融入型、新建型和提升型三种类型。按照城市的功能定位来看,有新兴居民区、新兴增长极和新兴综合体(居民区、功能区和增长极相混合)三种类型,广州新塘镇、上海徐泾镇和深圳光明新区都是新兴综合体,浙江塘栖镇、浙江钱清镇和天津华明街定位是城市新兴增长极，上海松江新城在规划初期是新兴居民区，后来成为新兴综合体。按照城市建制来看，有新功能区、新行政区和新市镇三种类型，具体对比情况见表3.5。

表3.5 七个城镇建设模式对比

地 区	与中心城区关系	建设特征	功能定位	城市建制
广州市增城区新塘镇	广州市近郊区	融入广州市东部新城区	新兴综合体	新行政区（增城区）
上海青浦区徐泾镇	上海市近郊区	融入上海西虹桥商务区	新兴综合体	新功能区（西虹桥商务区）
天津市东丽区华明街道办事处	天津市近郊区	以中心镇为主体提升为新型城市	新兴增长极	新市镇（天津市小城镇建设试点）
深圳市光明新区	深圳中郊区	建立新市区	新兴综合体	新功能区（两镇合并）
上海松江新城	上海中郊区	建立新市区	早期新兴居民区，后期新兴综合体	新行政区（松江区）
浙江省余杭区塘栖镇	杭州市远郊区	以中心镇为主体提升为新型城市	新兴增长极	新市镇（浙江省新型小城市试点）
浙江省绍兴市钱清镇	绍兴市远郊区	以中心镇为主体提升为新型城市	新兴增长极	新市镇（浙江省新型小城市试点）

资料来源：作者2015年5月在上海、天津、广东、浙江的调研。

在这样的城市建设体系下，原有的行政管理体制逐渐淡化，代之以灵活多样的新型体制。如深圳的光明新区是一种新的功能区，成立后与原来的老市区平行存在；上海市松江区的松江新城是上海市"一城九镇"建设规划中的"一城"，行政隶属于松江区，级别仍属于"中心镇"，但"新城"的规格明显提高；浙江省新型小城市试点的杭州市余杭区的塘栖镇和绍兴市柯桥区的钱清镇，虽然仍然是镇的行政建制，但浙江省乃至余杭市、柯桥区都是"给钱放权",虽然行政级别没有变化,行政能力和规格得到了明显提升,见表3.6。

表3.6 七个城镇的行政管理对比

地　区	新区归属	行政级别
广州市增城区新塘镇	广州市东部新城	中心镇
天津市东丽区华明街道办事处	天津市小城镇建设试点	中心镇
上海青浦区徐泾镇	上海西虹桥商务区	镇
深圳市光明新区	功能区	与区平级
上海松江新城	上海市松江区	与区平级
浙江省余杭区塘栖镇	浙江省新型小城市试点	给钱给权、级别不变
浙江省绍兴市钱清镇	浙江省新型小城市试点	给钱给权、级别不变

资料来源:作者2015年5月在上海、天津、广东、浙江的调研。

　　以上的城市化过程中,城市建设的种种探索都是为了提升城市能级,更好地服务居民。能级较高的城镇意味着拥有更多的资源可以进行城镇化建设。但并不是说新发展起来的城镇在规模上"大而全"就意味着一切,任何城镇的发展都有其演化的规律,其人口承载量要与资源分布情况、社会公共服务提供情况相匹配。否则,城镇的过度拥挤和政府制度供给能力的降低将对人口集聚起到反作用,将会使得城乡一体化发展大打折扣。

　　我们的七个调研城镇中,几乎都有十万以上的人口聚集。截至我们调研日,广州市的新塘镇和深圳市的光明新区,土地面积分别为80平方公里和150平方公里左右,常住人口却达到50万和150万人左右,每平方公里平均0.6万至1万人口。上海市徐泾镇、浙江省的钱清镇,每平方公里平均0.3—0.4万人口。这些地区都是多年以来乡镇企业发展和外来人口集聚的结果,而上海松江新城则是通过房地产开发和大学城建设而形成了大量居民的聚集。有了人口聚集才有消费需求,城市建设、公共服务以及各种消费市场才能逐步完善,城乡一体化才能实现内部循环。因而,我们可以认为,对城镇规模、功能、行政级别的定位问题,通过政府政策创新和政策引导来确立当地城镇化发展的最优方式和路径,是新时期发展城市化必不可少的一节。

第三节 城市化与乡村振兴

在十九大报告中,"乡村振兴战略"被列为重要发展战略之一,历次会议强调的城镇化并没有写入重要战略中。其实,不论是城市化还是乡村振兴,都是为了解决中国发展不平衡、不充分的问题,是一个问题的两个方面。农业、农村、农民的发展,乡村振兴的推进,是我国现代新型城镇化发展的题中之义,因应了我国现在经济发展现状。

改革开放四十周年的今天,社会的主要矛盾已经发生了历史性变化,十九大报告明确提出,社会主要矛盾已经转化为人民日益增长的美好生活需要和不平衡不充分的发展之间的矛盾。城市化与乡村振兴的同步推进,是实现平衡、充分发展的重要推动力。正如国家发展改革委员会《关于实施2018年推进新型城镇化建设重点任务的通知》中强调,新型城镇化是"实施'乡村振兴战略'和区域协调发展战略的有力支撑"。

我们首先来看一下"乡村振兴战略"与以往提出的新农村建设战略。根据蔡继明的分析,"十三五"规划中"乡村振兴战略"

的总要求是"产业兴旺、生态宜居、乡村文明、治理高效、生活富裕"。那么,我们可以看出,"乡村振兴战略"中的"产业兴旺"相当于新农村建设的"发展生产","生态宜居"相当于新农村建设的"村容整洁","乡村文明"跟新农村建设的提法一样,"治理高效"相当于新农村建设的"管理民主","生活富裕"相当于新农村建设的"生活宽裕"。如果仅从字面来看,"乡村振兴战略"与新农村建设战略只有量的提升,没有质的差别。[5]

然而,相比以往的新农村战略,"乡村振兴战略"最大的特点是强调要深化农村土地制度改革,完善承包地三权分置,深化产权制度改革,保障农民财产权益,尤其是最后一点,发展多种形式适度规模经营。据蔡继明测算,目前中国农村户均 8.9 亩地,目前达到 50 亩以上的农户,全国只有 350 万。而对比日本数据,日本的农村户均 100 亩,假若中国按此规模,2.2 亿农户的90％都要转移出来。数据上看起来难度非常大,但是其中暗含了"乡村振兴战略"一定要与新型城镇化战略同步实施的现实指导。[6]

传统农业是天然的弱质产业,因此农业的边际产出率低于城市工商业的边际产出率,这导致农村人口不断地流入城市,直至农业边际产出率与城市工商业边际产出率相等为止。但是,如果仅仅依靠农业人口在市场机制的自发调节下向城市转移并在客观上导致农业边际产出率和城市工商业的边际产出率相等,那么即使最终实现了城乡产业均衡,这个均衡也是低水平、低质量的均衡,与这个均衡相对应的农业产业依旧是落后产业,农村与城市的均衡只不过是劳动力流动上的均衡,并不是农业内部的分工与专业化不断地深化和扩展的结果,传统农业也并没有得到根本性的改造,农村组织形态也没有产生根本性的变革,即使看起来由二元经济转型成了一元经济,那么在城市内部仍会突现出收入分配上的二元结构。

乡村要振兴,如若没有新型城镇化的支撑,不考虑土地制度改革、农村剩余劳动力转移、农地流转和土地经营规模的扩大,单纯就乡村讲乡村,有可能像以前城镇化中的"造城运动"一样导致效率低下,重复生产问题。因而,乡村振兴与城市化不是矛盾的,强调在培育农村内部农业产业和非农产业的自生能力与竞争优势的基础上发展农业,以统筹人口、土地、资金等生产要素为突破口,实现乡村振兴,进而打破城乡间不均衡不平等的发展,才能更好地促进城市化,唯有这种条件下的城乡均衡才是高水平、高质量的均衡。

第四节　本章小结

本章主要分析中国城市化特点与进程。首先从城市化发展现状入手,随后探讨了中国城市化的制度特征与不同路径,最后分析了城市化与乡村振兴的内在逻辑。在案例分析的同时,沿用了马克思主义的经典理论和制度经济学的制度变迁理论。

第一节首先介绍现有理念下的城市化,不仅是农村人口向城市转移,二、三产业向城市集聚,从而使城镇数量增加、规模扩大、现代化和集约化程度提高的过程,而且也是城市文化、城市生产和生活方式、城市价值观念向农村渗透融合的过程。第二节介绍我国城乡演变的历史视角分析城市化进程,从新中国建立以来我国城乡关系的发展过程到基于制度变迁视角的二元结构的发展,清晰地刻画出我国城乡关系以及城市化演进过程,为我们之后的分析提供坚实的历史逻辑分析起点。第三节,我们分析了十九大报告中反复提到的乡村振兴与城市化的关系,两者不是矛盾的,强调在培育农村内部农业产业和非农产业的自生能力与竞争优势的基础上发展农业,以统筹人口、土地、资金等生产要素为突破口,实现乡村振兴,进而打破城乡间不均衡不平等的发展,才能更好地促进城市化,唯有这种条件下的城乡均衡才是高水平、高质量的均衡,也是我们当下城市化发展的题中之义。

注 释

[1] 参见林毅夫、蔡昉、李周:《中国的奇迹:发展战略与经济改革》(增订版),上海三联书店、上海人民出版社1999年版。

[2] 参见郭少新:《政府意志与农业制度非均衡》,《当代经济研究》2004年第10期。

[3] 参见高帆:《中国城乡二元经济结构转化的影响因素分解:1981—2009年》,《经济理论与经济管理》2012年第9期。

[4] 详见文贯中:《吾地无民:城镇化、土地制度与户籍制度的内在逻辑》,东方出版社2014年版。

[5] 详见蔡继明:《乡村振兴离不开新型城镇化》,财新网 http://opinion.caixin.com/2018-01-26/101203585.html。

[6] 详见蔡继明:《乡村振兴离不开新型城镇化》,财新网 http://opinion.caixin.com/2018-01-26/101203585.html。

第四章　制度性壁垒、人口迁移与人力资本积累
——从户口看城市化

　　劳动力转移是城市化的关键，通过这种方式来实现劳动力要素的合理配置，是各发展中国家经历城市化转变的必经之路。但不同于一般的国家，我国的农业劳动力转移有着特殊的制度性壁垒——1958 年颁布的户籍制度。这项制度因应了国家重点发展城市工业的发展战略，《中华人民共和国户口登记条例》明确了城市和农村人口在身份和待遇上的区别，自此之后，中国人的户口身份成为约束其各种行为选择的有效"参数"。

　　劳动力在农业与非农业两个部门间的再配置，是促进城乡融合的关键，也是城市化带来的要素配置的题中之义。以户籍制度为基础的城乡壁垒，在内容和形式上将城市和农村的人口分成了两种不同的社会身份。在户籍制度基础上，城乡间形成社会保障等一系列城乡人口身份和待遇的不同。户籍的差异带来附在户籍上的权益的差异，成为横亘在城乡发展间最大的障碍，也是城市化过程中亟须解决的重要问题。

　　随着我国经济社会发展进入"新常态"，经济发展由追求高速度到追求高质量带来的增速放缓，人口红利逐步释放，人口对于城市的重要意义凸显。从 2016 年开始，各地开始逐步放开户

籍限制,以增强城市的可持续发展能力。国家发展改革委员会发布《关于实施 2018 年推进新型城镇化建设重点任务的通知》要求全面放宽城市落户条件。对于城市人口需求端,具体的户籍制度改革措施包括,对于以北京、上海为代表的超大城市和特大城市,通过区分城区、新区和所辖市县,在不同区域执行不同的落户政策,并寻求不同区域间转积分和转户籍的方式,解决租赁房屋的城市常住人口在社区公共户进行落户的问题。大城市在落户条件规定的参加社保年限,不能多于五年,对于规定的Ⅱ型大城市将不得再实施积分落户,并逐步降低参加社保年限的规定;对于划分的Ⅰ型大城市,要逐步取消每年的落户数量上限,积分落户更多依靠社保和居住年限。对于中小城市,要全面放开城市进行落户的条件要求。对于城市人口供给端,《关于实施 2018 年推进新型城镇化建设重点任务的通知》要求继续落实全国范围内的 1 亿非城市户籍人口的落户问题,对于户籍在农村通过入学和参军在城市生活人口、在城市有稳定就业的新生代农民工、在城镇就业居住年限 5 年以上和全家前往城市的农

表 4.1 《关于实施 2018 年推进新型城镇化建设重点任务的通知》中户籍制度改革相关措施

城市类型		户籍制度改革要求
特大城市和超大城市		通过区分城区、新区和所辖市县,在不同区域执行不同的落户政策,并寻求不同区域间转积分和转户籍的方式
大城市	Ⅰ型大城市	逐步取消每年的落户数量上限,积分落户更多依靠社保和居住年限
	Ⅱ型大城市	不得再实施积分落户,并逐步降低参加社保年限的规定
中小城市		全面放开

资料来源:国家发展改革委员会官网。

业转移人口促进其落户,对于高校和职业院校的毕业生、留学归国的人员和技术工人鼓励实施零门槛落户政策。

本章将从户籍制度如何阻碍城市人口流动和人力资本积累的理论研究入手,探索劳动力要素、资本、城乡工作岗位的错配问题,论证破除制度性壁垒的紧迫性,然后结合近期出现的城市间放松落户的"抢人大战",说明人口流动和户籍制度改革方向和趋势。

第一节　理论探讨:制度性壁垒与人力资本积累

本节把制度约束加入规范的劳动力流动模型,分析表明以户籍制度为代表的制度性壁垒会显著地阻碍城乡劳动力流动、阻碍城市化进程,加大城乡收入差距,并对农村劳动力人力资本的积累产生负向影响。

一、制度性壁垒下的城乡收入差距、人力资本积累与劳动力迁移

我国的农业劳动力转移有着特殊的制度性壁垒——1958年颁布的户籍制度。这项制度因应了国家重点发展城市工业的发展战略,《中华人民共和国户口登记条例》明确了城市和农村人口在身份和待遇上的区别,自此之后,中国人的户口身份成为约束其各种行为选择的有效"参数",使中国的城乡二元结构具有独特且深刻的内涵。制度壁垒不仅会影响迁移劳动力迁移本身,亦会对人力资本的形成和扭曲产生影响。

劳动力在农业与非农业两个部门间的再配置,是促进城乡

融合的关键,也是城市化带来的要素配置的题中之义。然而户籍制度的存在,不仅扭曲了劳动力的迁移成本和期望收益而使劳动力面临了经济逻辑之外的选择,也使中国式的经济社会转型具有独特的"转轨含义"。户籍制度通过影响人交易成本(即迁移成本)来影响人们的行为选择。以户籍制度为基础的城乡壁垒,在内容和形式上将城市和农村的人口分成了两种不同的社会身份。在户籍制度基础上,城乡间形成社会保障等一系列城乡人口身份和待遇的不同。户籍的差异带来附在户籍上的权益的差异,成为横亘在城乡发展间最大的障碍,也是城市化过程中亟须解决的重要问题。

制度约束的加入是必要的,这也是中国二元结构转化过程区别于西方国家的重要特征之一。由于户籍制度带来的城乡劳动力流动的阻碍,以及附着在户籍制度上的就业、教育、医疗、卫生、社会保障等各方面因素的综合,使得城乡在就业岗位、工资收入、人力资本以及健康医疗条件等方面的差距越来越大。

历史地看,在我国农村劳动力向城市迁移的过程中,一直存在种种制度性障碍,近期有所松动,不过在特大城市和大城市,这种限制依然以种种的形式存在着。在 Lucas 的模型中,农村向城市的迁移也有缓慢乃至停滞期,但这是在农民自身人力资本和收益激励相容约束下其自身利益最大化的选择。本节在其模型的基础上,加入户籍制度,探讨人口流动壁垒对城乡劳动力流动的阻碍、城乡收入差距以及对人力资本积累的影响。

模型中假定存在足够多的经济主体,每个家庭的效用函数都可表示为:

$$\int_0^{+\infty} e^{-\rho t} U(c_t) dt$$

其中 $U^c = \dfrac{c_t^{1-\sigma}}{1-\sigma}$, ρ 是贴现因子, σ 是跨期替代率, c_t 表示在任意 $t \geqslant 0$ 的消费路径。

家庭面对的瞬时利率为 r_t ,自身财富(wealth)由土地和人力资本构成。那么在约束条件 $\int_0^{+\infty} e^{-\int_0^t r_s ds} c_t dt \leqslant wealth$ 下得到均衡的消费增长率, $\dfrac{\dot{c}_t}{c_t} = \dfrac{r_t - \rho}{\sigma}$,也为我们模型中的经济增长率。

农业部门生产要素是土地和劳动力,劳动力的初始人力资本水平都相同设为 h_0 ,但它在农业生产中是不起作用的,只有迁移至城市,全职生产的工人才能依此生产 h_0 的产品。土地固定,标准化为1。生产函数采用柯布·道格拉斯生产函数 $F(x_t) = Ax_t^\alpha$ 。

城市部门,为简化动态系统,不考虑物质资本,只依托人力资本,生产函数假定为线性生产函数 $y_t = h_t l_t$,意味着技能水平为 h_t 的工人投入 l_t 单位的劳动时间得到的产出。同时我们假定实际工资为常数,将其标准化为1。

不存在户籍制度情形下,农村劳动力向城市自由迁移,我们假定此种情况下不产生迁移成本。事实上,新经济地理学通常用"冰山"交易成本来描述此过程产生的成本。Whalley 和 Zhang 研究证明,对户籍制度的取消显著提高劳动力迁移数量,城乡收入水平则会逐渐趋同,分析的基础就是以户籍制度作为人口转移的最大制约因素。[1] 即如果城市居民的效用为 $\bar{U}$,则考虑了户籍壁垒造成的迁移成本之后的居民效用为 $\phi\bar{U}$, $0 \leqslant \phi \leqslant 1$,刻画了农村居民迁移城市受到的政策限制程度。

（一）在不考虑人力资本外部效应情形下：

普通工人的人力资本积累方程为：$\dfrac{\dot{h}_t}{h_t}=\eta(1-l_t)$，之前我们已约定 l_t 是工人用于生产消费品的时间，其余时间 $1-l_t$ 是用于积累人力资本，也就是其学习时间，$l_t\in(0,1)$。

城市部门最优化行为：

$$\int_0^{+\infty}e^{-\int_0^t r_s ds}h_t l_t dt$$

$$\text{s.t. }\dfrac{\dot{h}_t}{h_t}=\eta(1-l_t)$$

代入约束条件有 $F=e^{-\int_0^t r_s ds}h_t\left[1-\dfrac{1}{\eta}\dfrac{\dot{h}_t}{h_t}\right]$，利用欧拉方程 $\dfrac{\partial F}{\partial h_t}=\left(\dfrac{\partial \dot{F}}{\partial \dot{h}_t}\right)$，有 $r_t=\eta$，意味着不论人们是怎样分配生产和学习时间，利率水平为常数，线性条件下的人力资本投资总能得到 η 的投资回报率。

产生人口迁移的临界水平是城市和农村收入相等。在存在户籍制度阻碍的情况下的城乡均衡水平：

$$\int_t^\infty e^{-(\tau-t)\eta}F'(x_\tau)d\tau=\phi h_0\int_t^\infty e^{-\eta(\tau-t)+\eta\int_t^\tau 1-l,ds}l_\tau d\tau$$

计算得 $F'(x_t)=\phi h_0$，户籍制度给迁移居民带来的成本是 $(1-\phi)h_0\int_t^\infty e^{-\eta(\tau-t)+\eta\int_t^\tau 1-l,ds}l_\tau d\tau$。

由此我们得到命题1：由于存在户籍制度阻碍，迁移者收入由=

$h_0 \int_t^\infty e^{-\eta(\tau-t)+\eta\int_t^\tau 1-l,ds} l_\tau d\tau$ 变成了 $\phi \times$ 收入 $= \phi h_0 \int_t^\infty e^{-\eta(\tau-t)+\eta\int_t^\tau 1-l,ds} l_\tau d\tau$,损失的收入为 $(1-\phi)$ 收入 $=(1-\phi)h_0 \int_t^\infty e^{-\eta(\tau-t)+\eta\int_t^\tau 1-l,ds} l_\tau d\tau$,表示户籍制度给移民者造成的成本。这是城乡收入差距产生的最直观的表现。

(二)考虑人力资本外部效应情形下:

1. 制度性壁垒与城市化

在一个城市经济体中,不同的人有不同程度的人力资本水平。定义 H_t 是 t 时期社会中存在的最高的人力资本,他们可以是城市原住民抑或是最先迁移至城市的居民一直以来积累的人力资本水平,对他们的定位并不影响接下来的分析,同之前假设。

$l_{s,t}$ 是其用于生产消费品的时间,$1-l_{s,t}$ 是用于积累人力资本的时间,$l_{s,t} \in (0,1)$。那么普通迁移者的人力资本水平与 H_t 之间的差距是一个逐渐减少的过程。

用 $h_{s,t}$ 表示时期在 t 时刻前 s 期的人力资本,人力资本积累方程:

$$\frac{\dot{h}_{s,t}}{h_{s,t}} = \eta H_t^\theta h_{s,t}^{1-\theta}(1-l_{s,t})$$

考虑城市部门的最优化行为,对于人力资本最高者有:

$$\int_0^{+\infty} e^{-\int_0^t r,ds} H_t l_t dt$$

$$\text{s.t.} \quad \frac{\dot{H}_t}{H_t} = \eta(1-l_t)$$

同样可以解得:$r_t = \eta$,利率为常数。

再由 $\dfrac{\dot{c}_t}{c_t}=\dfrac{r_t-\rho}{\sigma}$ 可得 $c_t=c_0 e^{\frac{r-\rho}{\sigma}t}$。

对其他在 s 时开始的移民有：

$$\int_s^{+\infty} e^{-\eta(t-s)}h(s,t)l_{s,t}dt$$

$$\text{s.t.}\ \frac{\dot{h}_{s,t}}{h_{s,t}}=\eta H_t^{\theta}h_{s,t}^{1-\theta}(1-l_{s,t})$$

代入约束条件，$F=e^{-\eta(t-s)}\left[h_{s,t}-\dfrac{1}{\eta}\dot{h}_{s,t}H_t^{-\theta}h_{s,t}^{\theta-1}\right]$，有：

$$\frac{\partial F}{\partial h_t}=e^{-\eta(t-s)}\left[1-\frac{\theta-1}{\eta}H_t^{-\theta}h_{s,t}^{\theta-2}\dot{h}_{s.t}\right]$$

$$\left(\frac{\partial \dot{F}}{\partial \dot{h}_t}\right)=\frac{1}{\eta}e^{-\eta(t-s)}(\eta H_t^{-\theta}h_{s,t}^{\theta-1}+\theta H_t^{-\theta-1}h_{s,t}^{\theta-1}\dot{H}_t-(\theta-1)H_t^{-\theta}h_{s,t}^{\theta-2}\dot{h}_{s,t})$$

利用欧拉方程 $\dfrac{\partial F}{\partial h_t}=\left(\dfrac{\partial \dot{F}}{\partial \dot{h}_t}\right)$，有：$1=H_t^{\theta}h_{s,t}^{1-\theta}-\dfrac{\theta}{\eta}\dfrac{\dot{H}_t}{H_t}=H_t^{\theta}h_{s,t}^{1-\theta}-\dfrac{\theta}{\eta}(1-l_{s,t})$，$l_{s,t}=1-\dfrac{H_t^{\theta}h_{s,t}^{1-\theta}-1}{\theta}$。

从这个式子可以看出，投入到工作上的时间与人力资本的发展水平有关系。开始的时候随着 H_t 和 $h_{s,t}$ 的增长，$\dfrac{H_t^{\theta}h_{s,t}^{1-\theta}-1}{\theta}$ 趋近于 1，$l_{s,t}$ 趋近于 0，即乔纳森·伊顿(Jonathan Eaton)和兹维·埃克斯坦(Zvi Eckstein)证明的城市生产者仅由最高的人力资本所有者构成的情况，当迁移者人力资本水平低于 H_t 时，他们会停止工作并将所有时间用于人力资本的积累。[2] 这时，我们可以将 H_t 视为行业的平均技能水平，达不到该技能，迁移者无法生产只能把所有时间配置在学习上。

此时,$H_t^\theta h_{s,t}^{1-\theta} = 1 + \theta$,$\dfrac{\dot{h}_{s,t}}{h_{s,t}} = (1+\theta)\dfrac{\dot{H}_t}{H_t}$

我们来衡量该经济体的总产出,农业生产函数 $F(x_t)$ 前面已经假定,城市生产由拥有高技能水平 H_t 的工人来进行,z_t 为 t 时期高技能工人的数量,则总产出为农业和城市生产之和 $c_t = F(x_t) + z_t H_t l_t$。

移民者人力资本积累速度大于人力资本最高者积累速度,最后达到最高水平。接下来求解移民者人力资本达到最高水平的时间。此时两种状态下人力资本的积累速度分别为:$\dfrac{\dot{H}_t}{H_t} = \eta(1-l_t)$ 及 $\dfrac{\dot{h}_{s,t}}{h_{s,t}} = \eta H_t^\theta h_{s,t}^{1-\theta}$,$h_{s,t} = H_t$ 首次成立时追赶需要的时间为 $T(s)$,则由 $\dfrac{\dot{h}_{s,t}}{h_{s,t}} = \eta H_t^\theta h_{s,t}^{1-\theta}$ 可得 $h_{s,t}^{\theta-1} dh_{s,t} = \eta H_t^\theta dt$,即有 $\int h_{s,t}^{\theta-1} dh_{s,t} = \int \eta H_t^\theta dt$,解得 $\dfrac{h_{s,t}^\theta}{\theta} = \eta \int_s^t H_u^\theta du + C$,将 $h_{s,s} = h_0$ 代入可得 $C = \dfrac{h_0^\theta}{\theta}$,即 $h_0^\theta + \theta\eta \int_s^{T(s)} H_u^\theta du = H_{T(s)}^\theta$,其中 $z_{T(s)} = 1 - x_t$

均衡要求农村和城市的收入满足:

$$\int_t^{+\infty} e^{-\eta(s-t)} F'(x_s) ds \geqslant \phi H_{T(t)} \int_t^{+\infty} e^{-\eta(\tau-t)+\eta\int_t^\tau 1-l,ds} l_\tau d\tau$$

化简得:

$$\int_t^\infty e^{-\eta(s-t)} F'(x_s) ds \geqslant \phi e^{-\eta[T(t)-t]} \frac{H_{T(t)}}{\eta}$$

取等号继续化简得:

$$\int_t^\infty e^{-\eta s} F'(l_s) ds = \phi e^{-\eta T(t)} \frac{H_{T(t)}}{\eta}$$

即

$$-e^{-\eta t}F'(x_t) = \phi\frac{e^{-\eta T(t)}}{\eta}[-\eta T'(t)H_{T(t)} + \dot{H}_{T(t)}T'(t)]$$

$$= -\phi e^{-\eta T(t)}H_{T(t)}T'(t)l_{T(t)}$$

$$F'(x_t) = \phi e^{-\eta[T(t)-t]}H_{T(t)}l_{T(t)}T'(t)$$

另外,由 $h_0^\theta + \theta\eta\int_s^{T(s)}H_u^\theta du = H_{T(s)}^\theta$ 对时间求导可得:

$$\theta\eta H_{T(s)}^\theta T'(s) - \theta\eta H_s^\theta = \theta\eta H_{T(s)}^{\theta-1}\dot{H}_{T(s)}T'(s)$$

$$= \theta\eta H_{T(s)}^\theta T'(s)[1-l_{T(s)}]$$

即

$$l_{T(s)}T'(s) = \left[\frac{H_s}{H_{T(s)}}\right]^\theta$$

联立 $F'(x_t) = \phi e^{-\eta[T(t)-t]}H_{T(t)}l_{T(t)}T'(t)$ 和 $l_{T(s)}T'(s) = \left[\frac{H_s}{H_{T(s)}}\right]^\theta$ 可得:

$$F'(x_t) = \phi e^{-\eta[T(t)-t]}H_{T(t)}^{1-\theta}H_t^\theta$$

即

$$x_t = \left[\frac{\alpha}{\phi e^{-\eta[T(t)-t]}H_{T(t)}^{1-\theta}H_t^\theta}\right]^{\frac{1}{1-\alpha}}$$

ϕ 越小,对于相同的劳动力转移程度 x_t 需要积累的人力资本水平 H_t 和 $H_{T(s)}$ 越高,在既定的人力资本积累速度下所需要积累的时间越长。或者说,对于同样的人力资本积累水平,户籍制度阻碍越大(ϕ 越小),$F'(x_t)$ 越小,x_t 越大,农村的人口比例越高,城市化水平越低。

由此我们得到命题 2:户籍制度阻碍越大,农村劳动力迁移越少,城市化水平越低。

为了检验上述命题,借鉴 Lucas 生活所得和城乡迁移(life earnings and rural-urban migration)的结果,$T(t)$ 的模拟使用渐进值 $T(t)=t+\dfrac{1}{\theta\eta}$。$H_t$ 使用渐进值 $H_t=H_0e^{\frac{\eta-\rho}{\sigma}t}=h_0e^{\frac{\eta-\rho}{\sigma}t}$,此时 $l_{T(s)}=e^{\frac{\rho-\eta}{\sigma}}$ 对于任意 $T(s)$ 为常数。对 $x_t=\left[\dfrac{\alpha}{\phi e^{-\eta[T(t)-t]}H_{T(t)}^{1-\theta}H_t^\theta}\right]^{\frac{1}{1-\alpha}}$ 取对数

有 $\ln x_t=\dfrac{1}{1-\alpha}\left[\ln\alpha-\ln\phi+\dfrac{1}{\theta}-(1-\theta)\ln H_{T(t)}-\theta\ln H_t\right]$,对

时间求导得 $\dfrac{\dot{x}_t}{x_t}=-\dfrac{1}{1-\alpha}\dfrac{\eta-\rho}{\sigma}$,所以 $x_t=x_0e^{-\frac{\eta-\rho}{(1-\alpha)\sigma}t}$。$F'(x_t)=\phi h_0$ 所以 $x_0=\left(\dfrac{A\alpha}{\phi h_0}\right)^{\frac{1}{1-\alpha}}$。

我们可以模拟出 100 年间不同程度(从不设限的 1.00 程度逐渐加深到 0.90)的迁移壁垒下人口迁移趋势图,选取前 30 年做观察,可以看出,户籍制度越严厉,城乡间人口迁移水平越低。

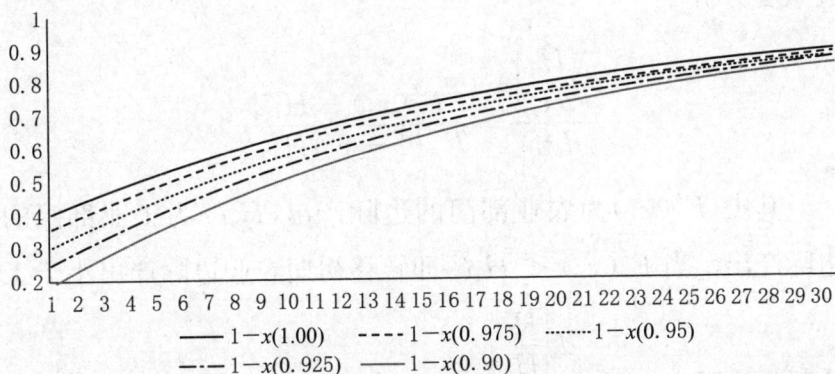

图 4.1　不同程度的迁移壁垒下人口迁移趋势

2. 制度性壁垒与人力资本

随着国家开始重视农村人力资本的培养,对各级乡镇加大教育资源和教育资金的支持,然而,教育资源分配不公,农村基础教育落后,职业技能教育发展滞后的状况长期以来并没有得到根本性改善。农村地区人力资本依然处于较低水平,农民的就业结构低下,收入水平极低。这种来源于工资报酬方面对户口身份的区别对待和与经济效率相关的个人和结构性特征共同作用构成了劳动力向城市的迁移的重要障碍,不仅延缓了城乡一体化发展步伐,也使我国的人力资本水平长期得不到大幅提升。

接着上面的分析,在初期仍然有 $F'(x_0) = \alpha x_0^{\alpha-1} = h_0$。

联立 $c_t = F(x_t) + z_t H_t l_t = F(x_t) + (1-x_t)H_t l_t$、$\dfrac{\dot{H_t}}{H_t} = \eta(1-l_t)$、$c_t = c_0 e^{\frac{\eta-\rho}{\sigma}t}$ 有:

$$\dot{H_t} = \eta H_t - \frac{\eta}{1-x_t}\left[c_0 e^{\frac{\eta-\rho}{\sigma}t} - F(x_t)\right]$$

进一步分析

$$\frac{d\left[\dfrac{\dot{H_t}}{H_t}\right]}{dx_t} = \eta \frac{F'(x_t) - H_t l_t}{(1-x_t)H_t^2}$$

其中,$F'(x_t)$ 为农业部门的边际产出,$H_t l_t$ 为工业部门的边际产出。当 $F'(x_t) < H_t l_t$ 即转移初期农业边际产出小于工业部门边际产出时,$\dfrac{d\left[\dfrac{\dot{H_t}}{H_t}\right]}{dx_t} < 0$,户籍制度阻碍越大($\phi$ 越小),

x_t 越大, $\dfrac{\dot{H}_t}{H_t}$ 越小,城市部门的平均人力资本增长率越低。

于是,我们得到命题3:户籍制度阻碍较高的社会中,人力资本水平较低。

户籍制度影响人力资本初值的机制为,由于户籍制度减少了进城之后的收入预期,因此更少的农民选择积累人力资本。农户内生地选择降低人力资本积累,有一个"折返"的过程。就农民个体而言,城市的较高劳动报酬和较好劳动待遇吸引着农村的劳动力转移,为了获得更好的工作岗位农民会进行自身人力资本的储备。

郭剑雄、刘叶研究也得出,一旦农民意识到较高的人力资本水平是劳动力实现跨部门"套利"要求时,他们就有激励在教育和培训方面进行投资。然而,在中国劳动力转移过程中,以户籍制度为出发点,包括就业政策、城市福利制度等一系列政策体系把农民排斥在城市体制之外,阻碍了农民工以平等的身份和合理的价格获得住房、社会保障和子女义务教育等公共服务[3],能凭借自身人力资本水平进入平等的劳动力市场获得公平收入且在城市安家落户的农民少之又少,大部分情况是,在城市打拼几年的农民工重返农村安家生子。这样一来,较低的人力资本回报率预期下农户将选择降低人力资本投资水平,而在较为低的年龄层次就开始工作以补贴贫困的家用,对农户的人力资本投资有明显的负向激励效应。艾伦·德·布劳(Alan De Brauw)等研究表明,中国农村年教育回报率一般在0—6%,也符合户籍制度下农民教育、工作现状。[4]这就是近些年来农民的教育支出在家庭支出中一直处于低水平的原因,同时也会延续转移出来的农村劳动力及其子女处于低收入状态的时间。

第二节　户籍新政：人口、人才争夺战

在人口红利逐渐消退及城市发展转型升级的大背景下，一方面是北京、上海依然严格的户籍政策，一方面是以武汉、成都、长沙、郑州、杭州、青岛、厦门、福州等地为代表的众多新一线、二线城市正在通过一系列政策优惠吸引人口。这些城市放宽特定人口落户限制甚至接近"零门槛"，并通过发放就业、创业补贴，提供租房、购房便利等提供更为便利的公共服务来吸引人口。

《第一财经周刊》旗下新一线城市研究所发布了 2017 中国城市等级排名名单。城市排名依据用 160 个品牌、14 家互联网公司和数据机构的城市大数据，为 338 个中国地级以上城市重新分级，评出 15 个新一线城市、30 个二线城市、70 个三线城市、90 个四线城市和 129 个五线城市。名单中列出，一线城市分别是：北京、上海、广州、深圳。将成都、杭州、武汉、重庆、南京、天津、苏州、西安、长沙、沈阳、青岛、郑州、大连、东莞和宁波 15 个城市列为"新一线城市"。将厦门、福州、无锡、合肥等城市列为二线城市。

我们来看一下一线城市人口现状。2016 年，北京、上海、深圳、广州人口分别为 2 172.9 万、2 419.7 万、1 190.84 万和 1 404.35万，净增人口分别为 2.4 万、4.43 万、52.95 万和 54.24 万，增长率分别为 0.11％、0.18％、4.65％和 4.02％。

表 4.2　2017 年《第一财经周刊》版一线、二线城市分级

一线城市(4 个)						
北京	上海	广州	深圳			
新一线城市(15 个)						
成都	杭州	武汉	南京	重庆	天津	苏州
西安	长沙	沈阳	青岛	郑州	大连	东莞
宁波						
二线城市(30 个)						
厦门市	福州市	无锡市	合肥市	昆明市	哈尔滨市	济南市
佛山市	长春市	温州市	石家庄市	南宁市	常州市	泉州市
南昌市	贵阳市	太原市	金华市	珠海市	惠州市	徐州市
烟台市	嘉兴市	南通市	乌鲁木齐	绍兴市	·中山市	台州市
兰州市	海口市					

资料来源：《第一财经周刊》。

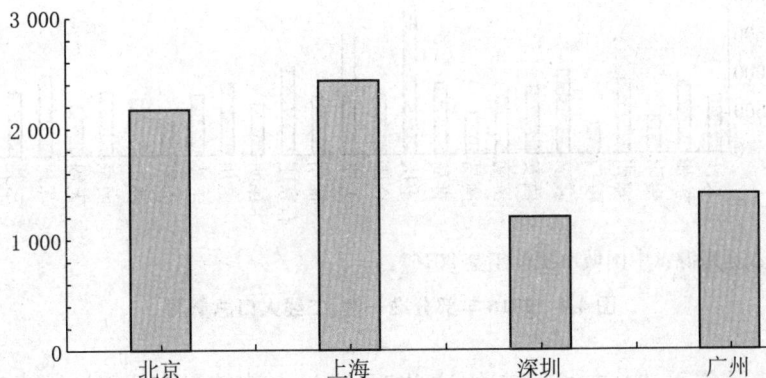

数据来源：《中国城市统计年鉴 2016》。

图 4.2　2016 年一线城市人口

可以看出，北京、上海在严格的户籍政策条件下，人口增长缓慢，深圳、广州人口正在以 4% 以上速度增长。

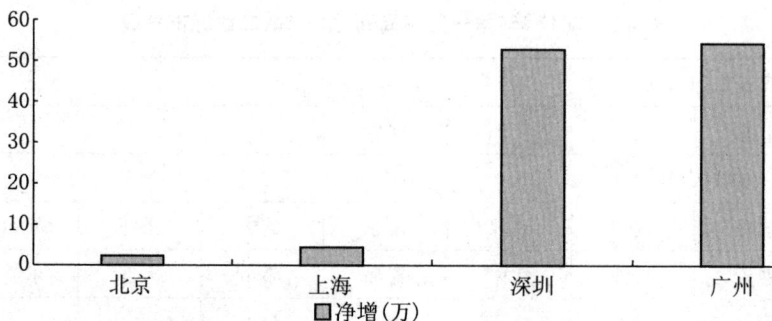

数据来源:《中国城市统计年鉴 2016》。

图 4.3　2016 年一线城市人口净增值和增长

准一线和二线城市人口增长没有深圳、广州如此高速,但通过不同程度放开,也有大幅上升之势。

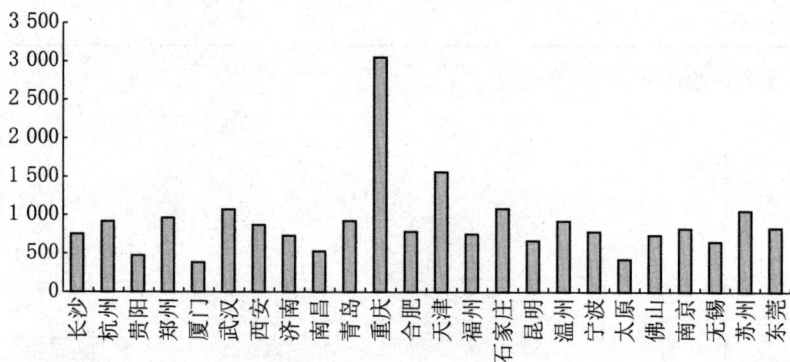

数据来源:《中国城市统计年鉴 2016》。

图 4.4　2016 年部分准一线、二线人口总量图

目前看来,二线城市的这些吸引人才政策的效果较为显著。以武汉为例,2009 年至 2016 年武汉人口净流入量快速增长,从 2009 年的 74.45 万人增至 2016 年 242.78 万人。2016 年净流入人口约为 2009 年的 3 倍余。长沙、杭州、贵阳、郑州、厦门、西安、济南等地都显示了强劲的增长势头。

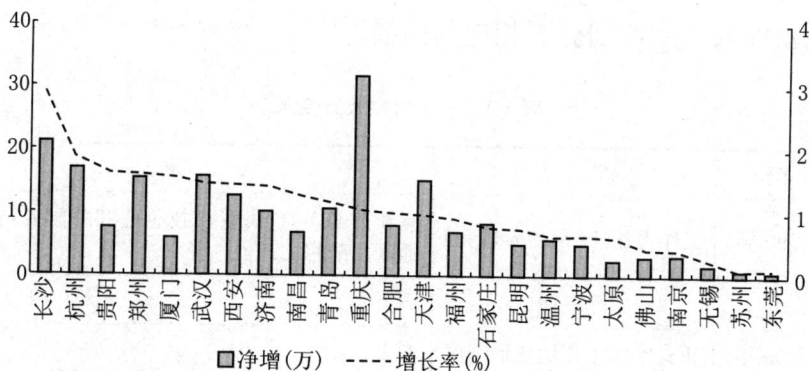

数据来源：《中国城市统计年鉴2016》。

图4.5　部分准一线、二线人口净增值、增长率

　　结合近期户籍新政，我们可以发现，除北京、上海外城市户籍政策有全面放松之势。北京、上海尽管也开出了吸引人才的户口优惠条件，但条件依然严苛。并且引进人口与城市发展定位紧密结合。

　　北京的落户政策不同阶段有不同要求，但始终严格并被人戏称为"全宇宙最难落户城市"。北京于1999年开始发放《工作寄住证》，2001年改为《工作居住证》，2003年工作居住证正式制度化，而功能相当于"准北京户口"，在此阶段北京放松制度性壁垒主要引进的人才是高新技术产业、民营科技企业和跨国公司地区总部相关人员。作为特大城市，考虑优化城市发展与城市承载力，北京最近两年开始纾解非首都功能，优化产业结构，人才新政以产业需求为导向，同时疏导不符合城市定位和发展潮流的产业和人口。北京于2017年开始试行积分落户制度，加分选项主要是在科技文化领域获得重大奖励者、从事科技企业孵化器创业或者就业工作等。2018年北京在户籍新政中将人才划分更为细化，除了以往的"千人计划"人才等落户绿色通道外，其他领域的人才都划分了相应的门槛。[5]

表 4.3　北京落户政策变革

年份	制　　度	要　　求
1990 年	工作寄住证(2018 年废止)	高新技术产业、民营科技企业和跨国公司地区总部相关人员
2001 年	工作居住证	同上
2003 年	正式实施工作居住证制度	同上
2017 年	积分落户(暂无细则)	科技文化、创新创业(加分项)
2018 年	人才引进	金融、科技创新、教育、卫生、文化创意、体育、国际交往中心建设、高技能人才

资料来源:相关网站报道、政府公告。

　　相比北京,上海放松制度性壁垒的条件聚焦在科技创新,这也与上海城市发展方向有着紧密的联系。2018 年 3 月 26 日,上海出台了《上海加快实施人才高峰工程行动方案》,划分了 13 个具体的领域:宇宙起源与天体观测、光子科学与技术、生命科学与生物医药、集成电路与计算科学、脑科学与人工智能、航空航天、船舶与海洋工程、量子科学、高端装备与智能制造、新能源、新材料、物联网、大数据。这些领域符合条件人才将可直接落户。此前 2016 年的人才政策"30 条",对于海外和国内人才落户条件也有着细致的规定。

　　对于新一线城市和二线城市,落户政策在人才定位上放松较多。从政策效果来看,吸引人才效果显现。根据前文我们看到的 28 个一二线城市 2016 年常住人口增量,2016 年,有 11 个城市的人口净增量超过了 10 万,其中人口增量最多的五个城市是广州、深圳、重庆、长沙和杭州。从地域分布上看,人口流入地主要集中在珠三角、中部的长沙、武汉和郑州以及上游的重庆等地。

武汉的户籍新政对于大学生、创新创业人才全面放开，同时，按照"控制中心城区人口规模，适度放开开发区和新城区落户限制"的原则，合理引导人口转移。据报道[6]，2017年5月22日，武汉"户籍新政"实施，18项户口迁移政策调整，大学生落户几乎"零门槛"。按照新规，凡留在武汉创业就业的大学生，毕业3年内无须买房即可申请落户，博士、硕士人员则可直接落户，广揽创新创业人才，以服务本地经济发展。

西安可以说是这波"抢人大战"中户籍政策最为放松的"新一线城市"。2018年2月，国家发改委发布《关中平原城市群发展规划》，作为关中平原的核心，西安的定位是建设国家级中心城市。据报道，为满足城市发展最重要的人力资本要素，西安规划从2018年至2020年底，主城区人口规模达到1 000万，西安市全域人口达到1 500万。2017年初对部分户籍准入条件做出重大调整，具体可概括为"三放四降"。"三放"就是放开普通大中专院校毕业生的落户限制、放宽设立单位集体户口条件、放宽对"用人单位"的概念界定；"四降"就是降低技能人才落户条件、降低投资纳税落户条件、降低买房入户条件、降低长期在西安市区就业并具有合法固定住所人员的社保缴费年限。2018年1月份，只凭身份证和毕业证即可申请办理西安户口；2018年，户籍新政再升级，一人落户，直系亲属可举家随迁。

从以上城市人口"争夺战"可以看出，作为城市发展最为重要的要素，人力资本被放到了重要地位。各城市"争抢"的人口、放松的落户条件，主要是针对高人力资本要素，这一点尤其显现在北京、上海等超大城市政策中。但是,低人力资本要素并没有享受到这波相应的政策优待。

第三节 户籍与待遇:平衡与公正

随着城市化的推进,户籍制度改革被提上日程,这项制度创新成为地方政府相继改革的内容,不同发展程度的地区对户籍制度改革的着力点不同。综合各地方案来看,建立居住证制度成为大部分城市的选择,中小城市的户籍有放开的势头,但是特大城市落户政策依然严苛。整理户籍制度改革思路,作者认为,源于由身份带来的城乡间人口待遇的区别,在现有经济社会发展和制度约束下,改革的重点应放在形成全国统一的在劳动力市场和城乡间相统筹的公共服务体系。如果城乡间的待遇、福利能从户籍中剥离出来,那么早一些消除户籍制度和晚一些消除户籍制度对城市化的进展并不会起到关键作用。只要能消除户口作为所有歧视性劳动力市场行为的合法性基础的地位,使户口仅仅执行人口登记和管理的职能,使其享受到与城市居民同等的权利,才能在劳动力转移、人力资本积累上取得实质性进步。

除了落户条件的放松要求,国家发展改革委员会发布的《关于实施 2018 年推进新型城镇化建设重点任务的通知》也把重点放在了强化常住人口基本公共服务上面。《通知》要求,以居住证为载体向在城市中尚未完成落户的人群提供城镇基本的公共服务和办事便利度,并鼓励城市群和都市圈内的居住证互认。

教育方面，落实以流入地政府为主、以公办学校为主，同时将常住人口纳入区域教育发展规划、将随迁子女教育纳入财政保障范围的"两为主、两纳入"政策。医疗方面，整合城乡居民基本医保制度，继续开展城乡居民异地就医直接结算，强化基本医保、大病保险和医疗救助等制度的衔接，发展远程医疗服务。土地方面，研究制定权属不变、符合规划条件下非房地产企业依法取得使用权的土地作为住宅用地的办法，深化利用农村集体经营性建设用地建设租赁住房试点。住房方面，推动建立多主体供应、多渠道保障、租购并举的住房制度。将符合条件的常住人口纳入公租房保障范围和住房公积金制度覆盖范围。

表 4.4　《关于实施 2018 年推进新型城镇化建设重点任务的通知》改革措施

基本公共服务	改革措施
教育	"两为主、两纳入"
医疗	整合城乡医保、异地就医直接结算、基本医保大病医保医疗救助衔接、远程救助
土地	研究权属不变、符合规划条件下非房地产企业依法取得使用权的土地作为住宅用地办法，深化利用农村集体经营性建设用地建设租赁住房试点
住房	主体供应、多渠道保障、租购并举；将符合条件的常住人口纳入公租房保障范围和住房公积金制度覆盖范围

资料来源：相关网站报告、政府公告。

中国目前正处于新一轮改革创新的重要战略时期。其中，城市化进程的推进不仅是未来一段时期内中国经济增长的重要引擎，而且关涉到亿万中国农民的切实利益；城乡收入的继续扩大是社会稳定的隐患；农村人力资本的相对缺乏，既会降低农民的福利，也会造成农村隐形失业造成经济社会事业发展的不和谐。典型的如"第二代农民工",他们对农村缺乏归属感,但又无足够人力资本融入城市,这自然会成为危及社会稳定的隐患。根据本书分析,消除以户籍制度为代表的制度性壁垒,可以有效地解决这些问题。当然,制度变革的增益本身从来不能保证制度变革的发生。囿于固有利益和地方财政压力等因素,涉及制度壁垒的改革难以一蹴而就。但是必须意识到,消除农村劳动力迁移中的制度性壁垒,是推进城市化和消除城乡二元结构,进而保障中国在长时段内持续发展的关键。

第四节　本章小结

在本章中,我们从户籍制度如何阻碍城市人口流动和人力资本积累的理论研究入手,探索劳动力要素、资本、城乡工作岗位的错配问题,论证制度性壁垒破除的紧迫性,然后结合近期出现的城市间放松落户的"抢人大战",说明人口流动和户籍制度改革方向和趋势。

在第一节,作者先做了基础的经济分析,利用数理模型分析了户籍制度以及附着在户籍制度上的权能约束对人口迁移、城乡收入差距和人力资本积累的影响,探讨经济领域的结构性扭曲,这就凸显出破除制度性壁垒的紧迫性。第二节,我们回顾了2016年以来的"人才争夺战",作为城市发展最为重要的要素,人力资本的重要性被放到了重要地位。各城市"争抢"的人口、放松的落户条件,主要是针对高人力资本要素,这一点尤其显现在北京、上海超大城市政策中。但是,低人力资本要素并没有享受到这波相应的政策优待。第三节,我们提出,只要能消除户口作为所有歧视性劳动力市场行为的合法性基础的地位,使户口仅仅履行人口登记和管理的职能,使农民工享受到与城市居民同等的权利,才能在劳动力转移、人力资本积累上取得实质性进步。

注 释

[1] 参见 John Whalley and Shunming Zhang, A Numerical Simulation Analysis of(Hukou) Labour Mobility Restrictions in China, *Journal of Development Economics* 2007, 83(2).

[2] 参见 Jonathan Eaton and Zvi Eckstein, Cities and Grouth: Theory and Evidence from France and Japan, *Regional Science and Urban Economics*, 1997(08), Vol.27.

[3] 参见郭剑雄、刘叶:《选择性迁移与农村劳动力的人力资本深化》,《人文杂志》2008 年第 7 期。

[4] 参见 Alan De Brauw and S.Rozelle, Reconciling the Returns to Education in off-farm Wage Employment in Rural Chinal, *Review of Development*, 2008, 12(1).

[5] 详见搜狐财经:https://www.sohu.com/a/226764727_532789。

[6] 详见腾讯网:http://hb.qq.com/a/20170222/009073.htm。

第五章 土地制度、融资约束与组织创新
——从资金融通看城市化

第一节 地权、生产与信用:制度约束与组织创新

在城市化建设上,国家颁布的《国家新型城镇化发展规划2014—2020》,强调此轮新型城镇化建设是人口、产业、社会保障、公共服务等全方位发展的城镇化。这里的"新",体现在观念更新、体制革新、技术创新和文化复兴,是区域城镇化、社会信息化和农业现代化的生态发育过程。"新"的核心就在于城乡统筹的一体化发展上。在农村建设上,国家自2004年以来颁布的中央"一号文件"连年聚焦农业发展问题,体现了政府对农业发展的政策调控与支持方向。在农村合作经济组织建设上,在政策优惠和财政补助上鼓励加快新型合作经济组织,力图将我国农业和农民快速纳入规模化、专业化的发展中。在农村金融体系建设上,自2006年我国启动的新一轮农村金融体制改革以来,国家开始在农村金融市场放松准入限制,从机构种类、资本限制等方面放宽准入政策,鼓励各种类型的资本到农村设立村镇银行、贷款公司和农村资金互助社,加快农村金融体系建设,为农

业发展提供金融支持。

随着中国经济进入新时代，我国社会主要矛盾已经转化为人民日益增长的美好生活需要和不平衡不充分的发展之间的矛盾。而我国发展不平衡不充分的问题在乡村表现得最为突出。党的十九大报告中两次提到了"乡村振兴战略"，并将它列为决胜全面建成小康社会需要坚定实施的七大战略之一。中央农村工作会议和2018年中央一号文件，都对"乡村振兴战略"做了全面部署。"乡村振兴战略"的实施，需要广泛的金融资源和社会力量，这对金融领域，尤其是农村普惠金融的发展是难得的机遇。农村金融作为金融与农村经济的结合，不仅是我国金融市场中重要一环，更是提高农民福利水平、缩减城乡差距的制度保障。尽管农村金融的发展取得了非常重要的成就，但是总体而言中国现在农村金融依然是金融体系中间一个薄弱的环节。为顺利推动乡村振兴，我国必须改变金融发展滞后、融资结构性错配等矛盾与问题，在农村推进金融体制创新，以更好地实现金融体系对乡村振兴的支撑作用。

本节将从理论上构建"农业合作组织—地权—生产—信用制度"的分析基础，探讨农村信用、资本形成、农业产业化和农村社会转型间的逻辑关系。作者将重点研究农户的盈利能力、信贷能力、地租分配、信息分布（信号发布与接收机制）与农村金融深化（资本形成）之间的关系，在解决农村制度约束和金融约束上寻求可行路径，以推进农业现代化，促进城乡一体化发展。

我们将讨论，如何构建以地权和农业产业的预期收益率为担保品或抵押品的货币金融体系，以及在该体系的构建中组织创新的重要作用。在现有制度约束下，缺乏农地产权可抵押性和连续的产业预期收益率的单个农户,倾向于受到金融机构的信贷约束。在金融机构＋合作社＋农户的融资将克服农户缺少可抵押物的劣势,由合作社的长期可预期利润流做保障的农户能得到期望融资,农户的金融约束得到缓解。农村金融约束的突破将为农业现代化和农村经济社会转型提供内源性的资本支持,因而本节的讨论有着重要的现实意义。

一、金融体系建设与农业现代化发展

现代农业金融体系的建设作为农业现代化大生产的前提条件,在农村经济社会中发挥重要作用。"对农业生产活动提供必要的信贷支持是促进农业快速发展的重要力量。农业生产过程中的种子、化肥、农药、器具等生产资料的数量和质量决定农业的产量水平。购置这些的资金要么来自于储蓄,要么来自于借款"。[1]在缺乏有利的投资机会的情况下,信贷对发展几乎没有作用。只有在现代化的农业大生产中,在要素高度集聚时信贷瓶颈才会凸显。这样,通过信贷途径形成农业内部可持续发展的循环资金流来促进农业现代化的发展。

速水佑次郎和弗农拉坦总结到,强调信贷作为农业发展手段主要基于四个观点。第一个是熊彼特的观点,他认为创新是经济发展的关键因素,而信贷作为主要的组织手段,使创新者从其他活动部门中获得资源。第二个观点是以市场改革的观点相同的看法为基础的。农户得到贷款并出售给同一中间人,而在每一次交易中受到剥削。第三种观点与第二种紧密相关,把公共信用制度看成是促使传统农户使用现代投入而实行指导性教育和信贷业务的一部分。第四种观点把信贷看做改变农村收入分配不平等的收入转移机制。[2] 每种观点强调的程度因项目而有所变化，但所有这四种观点在大多数项目中都得到了某种程度的反应。

然而，由于农业生产的不确定性出现的违约现象导致大量损失，以及由于农业对信贷需求的季节性，农业贷款对贷方来说代价很大。不同国家信用市场结构不同，不过都一致呈现高利率问题，一方面反映了信用市场存在某种垄断，一方面反映资本稀缺。而政府强制干预维持低利率的行为，又阻碍了私人金融系统和信用市场向农业提供大量贷款的积极性。倘若在农村金融市场上的信贷资源不能有效配置在农业生产上，将带来生产中的配置扭曲，损害农业增长潜力。[3]

本节不再考虑利率干预导致的信贷扭曲问题，而从金融机构自身最优化选择出发，考虑在中国现有的制度约束下的信贷市场不完善问题。

在开始资金供方的分析前，我们先了解下基于现阶段农业现代化发展过程中资金的需求，即需求方的新特点。

（1）资金需求大额化

在现代农业发展的发展趋势下，伴随着农业产业结构和组织结构的调整，农业生产精细化、规模化和专业化，生产要素日益向重点大户集聚，农业大户和大型农业经济合作组织在基地建设、科技研发方面的资金需求越来越大，伴随着近年来农产品及农资材料价格上涨，农村龙头企业、种植养殖大户增多，农村资金需求已从传统的小额贷款向大额信贷转变。

（2）需求周期长期化

需求周期的长期化主要体现在，首先表现在农业项目建设中资金使用时间长。近年来大都市周边纷纷落地生态农业、农业综合开发项目，这些农业项目多为资金、技术密集的新型农业，发展空间广阔，但回收成本周期长。其次，新型种养殖资金需求时间长。相较于普通农作物和传统养猪、养鸡的种养周期，合作社模式下的大型农业生产组织形式一般养殖周期为 2—3 年的牛等畜类，种植的果木周期也得 4—5 年，对金融机构的信贷需求就相应地要其提供的信贷产品周期能覆盖农产品的生产周期。

（3）产业需求链条化

随着农业产业化发展，农户对农村金融服务的需求从以单一客户为主的模式向农业产业化链条中以龙头企业合作组织为先导、上下游企业及合作农户全面覆盖的模式转变。"龙头企业＋基地＋农户"、"公司＋合作社＋农户"、"合作社＋农户"等多种新型合作模式的出现促使农业产业资金需求链条化。农村金融机构通过对农业龙头企业和大型合作组织开展综合授信，在这个完整产业链条上的上下游企业、合作养殖种植农户均能得到带动。

（4）行业需求多元化

随着农业生产组织化提高，农业衍生出大量加工、物流等现代服务业，农村资金需求已不再局限于从事个体种植、养殖活动的农户，各类农村经纪组织的加入引致各异的资金需求，信贷资金需求结构向多样化发展。

在现代化的农业生产上衍生出的资金需求新特点，对农村金融体系建设提出了更为迫切的需求。如何因应新的生产发展需求，突破现有的生产方式的突破，实现金融配置对生产力更好的促进,是我们要着力探讨的问题。

二、理论模型:组织创新与农村金融

作者研究的农村融资结构的设计,通过引入农村组织化构建金融合约,农村合作经济组织的构建可以突破制度约束,本节我们探讨如何利用其合约内涵的激励相容机制,克服单个农户的融资困境。我国目前农村金融体系改革最重要的目标在于解决农村融资难问题,以能否改善农户或农村中小企业的融资条件、促进农村融资活动作为农村金融体系改革分析的出发点和成效评价的基本标准。如何利用农户组织化的优势,克服正规金融和非正规金融在信贷配给上的约束,实现农村融资的激励相容机制呢。本书将在 Patrict Bolton(帕特里特·博尔顿)模型框架基础上,分析商业银行、村镇银行、农村小额贷款公司以及引入农村合作组织的新型农村信贷形式的信贷结构,试图在合同理论的框架下找到农村融资困难的根本原因,并提出相应的解决办法,为农业现代化发展提供资本支持。

1. 农村金融困境的微观成因:信贷合约交易模型

(1)简单的信贷配给模型——农户风险特征与银行行为选择

从合同理论出发分析农村金融信贷结构,资金需求方和供给方也就是农户和金融机构间就信贷利率、信贷数量、信贷期限以及抵押物等问题进行谈判和博弈,在现有条件下实现各方利益的最大化。很明显,这是一个微观的视角。宏观上看农村金融体系的变迁过程,即是研究这些微观的合约结构不断演化的过程。我们将在 Patrict Bolton 信贷配给模型的基础上,结合中国农村金融市场进行分析。

考虑一群风险中性的农户,各自经营一个农业项目,每个项目需要 $K=1$ 的初始资金。农业经营的好坏不仅取决于农户的努力水平,还受气候条件、需求结构、政策导向等因素影响很大,因而项目产生随机收益 M,其中 $M \in \{V, 0\}$。令 $p \in [0, 1]$ 表示 $M=V$ 的概率。借款农户有两种可能类型:$i=s$,其中 r 代表"安全",s 代表"有风险"。类型为 i 的农户项目表示为 (p_i, V_i)。我们作以下假设:

假设 1:$p_i V_i = u$,其中 $u > 1$

假设 2:$p_s > p_r$,$V_s < V_r$

因此,两种类型的农户拥有期望收益完全相同的项目,但是项目的风险不同。一般来说项目类型在收益和风险上都会是不同的,这里为了强调项目风险特征方面的区别,将两者期望收益视为一样的。银行为项目贷款,并以未来偿还额作为交换。

为简化起见,将银行视为一个整体,借款农户对资金有超额需求:银行的总资金 $a < 1$,面临很多借款农户。其中"安全"借款农户的比例为 b("有风险"的借款农户比例为 $1-b$)。再假设 $a > \max\{b, 1-b\}$,保证资金足以避免把其中某一种类型的农户完全排除在外。为讨论方便,我们不设利率,而规定一个固定偿还额 D 作为初始贷款的交换条件。当且仅当 $D \leqslant V_i$ 时,理性农户 i 才会申请贷款。而如果 $D > V_s$,则只有"有风险"的农户才会向银行申请贷款。这种情况下,令 $D=V_r$ 是最优的,银行的利润为:

$$(1-b)(u-1) \tag{1}$$

相反，若规定 $D \leqslant V_s$，两种类型的借款人都会申请。假设每个申请农户都有相同的机会得到贷款，银行会发现设定 $D = V_s$ 是最优的，并且获得收益：

$$a[b(u-1) + (1-b)(p_r V_s - 1)] \qquad (2)$$

在(2)式情况下，银行充分使用了所有资金，但是从"有风险"农户处得到的收益少于 u，因为此类农户仅仅以较低的概率 p_r 偿还 V_s。(2)式和(1)式哪一个更大取决于参数的大小。若其他情况都相同，当 $(1-b)$ 足够小或者 p_r 与 p_s 足够接近的话，(2)式将比(1)式大。而大部分情况下，银行是难以区别农业项目的风险情况的，因而就贷出奖金情况来看，p_r 与 p_s 往往是比较接近的，这样，信贷配给就产生了：一些"有风险"的农户将得不到贷款，因为他们一旦得到贷款就会得到严格正的剩余，所以他们愿意接受更高的 D。但是，银行发现提高 D 不是最优的，为防止产生逆向选择而失去"安全"农户，他们只会设定最优还款额 $D = V_s$ 以保证资产安全性，实施信贷配给。

（2）信贷合约复杂化——农村小额贷款公司的策略与困境

假设金融机构可以根据还款额和获取资金的概率对不同类型的借款人区别对待，提供不同的合同。具体来说，记 (x_i, D_i) 表示这样的合同，即以 x_i 的概率提供资金，但要求偿还 D_i，这种情况只有小额贷款公司和部分村镇银行可以执行，因为涉及不同项目不同利率问题。我们将贷款主体统称为小贷公司，它面临的最优选择是：

$$\max[b x_s (p_s D_s - 1) + (1-b) x_r (p_r D_r - 1)]$$

s.t.

可行集约束

$$0 \leqslant x_i \leqslant 1,\text{对所有的 } i = s, r \tag{3}$$

个人理性约束

$$D_i \leqslant R_i,\text{对所有的 } i = s, r \tag{4}$$

激励相容约束

$$x_i p_i (V_i - D_i) \geqslant x_j p_i (V_i - D_j),\text{对所有的 } i, j = s, r \tag{5}$$

小贷公司资金约束

$$b x_s + (1 - b) x_r \leqslant a \tag{6}$$

由 $D_i \leqslant V_i$ 可以看出，紧的个人理性约束是：

$$D_s \leqslant V_s \tag{7}$$

同时，紧的激励约束是：

$$x_r (V_r - D_r) \geqslant x_s (V_r - V_s) \tag{8}$$

改写紧的激励约束(8)式可得：

$$D_r = V_r - \frac{x_s}{x_r}(V_r - V_s)$$

这样，前面的问题就变成了：

$$\max\{b x_s (p_s V_s - 1) + (1 - b)[x_r (p_r V_r - 1) - x_s p_r (V_r - V_s)]\}$$

s.t.

$$0 \leqslant x_s \leqslant x_r \leqslant 1$$
$$b x_s + (1 - b) x_r \leqslant a$$

由 $p_sV_s = p_rV_r = m$ 可得 $x_r = 1$：顶端没有扭曲，即不对"有风险"的借款农户进行配给。对于"安全"的借款农户，只要 $b(p_sV_s - 1) - (1-b)p_r(V_r - V_s) < 0$，我们有 $x_s = 0$，否则 $x_s = [a - (1-b)x_r]/b$。

小贷公司在抽取"有风险"的农户租金和贷出所有资金之间进行权衡。通过设定 $x_r = 1$，赋予"有风险"的农户一个贷款优先权，以诱使其偿付更高的还款。这时，对于"有风险"的农户，无论其是否获得租金都不进行配给。而只有"安全"的借款人没有得到完全融资，事实上，是否获得融资对这些"安全"农户来说是无差异的，因为他们在这种情况下赚不到租金。

但是，当假设3的条件变为：$p_sV_s > 1$ 而 $p_rV_r < 1$，假设2不变时，小贷公司就无法设计最优合同来避免贷款给"有风险"的农户了。结果是，当 $[bp_s + (1-b)p_r]V_s \geqslant 1$ 时，两种类型的项目都获得了贷款，小贷公司靠不同类型项目之间交叉补贴来减损；当 $[bp_s + (1-b)p_r]V_s \geqslant 1$ 时，小贷公司会发生严重的财务危机，它将选择不贷给任何一种项目，发生严重的信贷配给。这就是由农村制度约束导致的农户缺乏可抵押物而又信用体系建设不完备的情况下，民间金融萎缩的原因。一方面，农业现代化发展缓慢，自身盈利率低下，汲取资金的能力非常微弱；另一方面，很多农村内部的资金也"外逃"至城市部门寻求更高的回报率，对农村系统内的资本循环建设起着极大的削弱作用。金融机构货币信贷的"功能萎缩"影响金融支持的力度和效果，导致农村经济出现长期的、普遍的"（金融）贫血症"。

（3）重复博弈与互联合同：银行＋专业合作组织＋农户的新型融资模式

　　近年来，合作经济组织在农村金融系统中开始发挥作用，这类专业化的组织将农户、金融机构密切联系起来，在自身实力不断加强的基础上，对入社的农民社员提供融资支持，在农户和金融机构之间架起了融资桥梁，极大地缓解了农民的融资困境。这种新型的融资模式是否有一定的稳定性，是如何克服农户因制度约束而缺乏抵押物的制约，达到融资效率的提高的？

　　我们下面的模型，就是解释引入农村专业合作组织如何改善农户融资条件，以及"银行＋专业合作组织＋农户"的互联合同如何进一步拓宽农村融资渠道，缓解信贷配给。

　　农村金融体系中引入农业合作组织可以产生更高的效率，现有文献可以解释三点效率改进：一是农村社会金融合约中的委托—代理引致的农户机会主义行为，很难用城市中类似信用体系的机制来对其惩罚，而内生于农村社会的合作经济组织就能很好地实现监督和激励；二是农村社会中的经济合作组织非一次性交易，是基于人情和声誉的重复博弈，因而合约结构更有约束力；三是基于信贷效率改进的关系型融资理论。引入农业专业合作社的关键特征在于，农户以合作社为依靠进行融资拥有了可抵押物，而且农户与合作社是重复博弈，合作社与银行是长期合作，农户的行为变得可观测。银行面临的是一个动态投资过程。

　　我们接着前面的分析进行。农户在时期 0 需要一个费用为 $K > 0$ 的投资，在时期 1 获得一个随机现金流 $r \in \{0, r^H\}$，用 $p \in [0, 1]$ 表示最高现金流 r^H 的实现概率。为简单起见，我们假定不存在贴现并且均衡利率为 0。r 是农户的私人信息，不可观测不可证实，在无合作组织参与的单期融资中，农户有隐瞒信息的激励，以不去执行高现金流状态下的偿还，银行则倾向于实行信贷配给。

引入农村合作组织，合作组织以自有资产作抵押，与农户间的合约是基于熟人社会的重复博弈，多期投资产生重复现金流。当项目重复产生现金流时，通过威胁在农户不还借款时冻结合作社资产，或威胁停止未来的贷款，可诱使农户偿还贷款，银行也更有激励放贷。

我们将融资时间放宽，次数放多，重复前面的融资问题两次，第二个投资项目在时期 1 也需要费用 $K > 0$，时间 2 产生一个独立同分布的现金流 $r \in \{0, r^H\}$。这样一份长期的投资合同规定如下：

(1) 初始贷款的大小为 $L_0 \geqslant K$

(2) 依赖于一个高偿还 $t^H(L_0)$ 的时期 1 贷款承诺的规模为 L_1^H

(3) 依赖于一个低偿还 $t^L(L_0)$ 的时期 1 贷款承诺的规模为 L_1^L

这个长期合同可表示为 $\{L_0, L_1^H, t^H, L_1^L, t^L\}$，在这个合同中，当农户偿还 t^H 时，他会得到足够的额外资金，能够进行第二个项目，但是当他在时期 1 没有履行他的偿还义务时，他将得不到额外的资金。

$$\max\{L_0 - K + p[r^H - t^H + L_1^H + \gamma^H(pr^H - K)]$$
$$+ (1-p)[-t^L + L_1^L + \chi^L(pr^H - K)]\}$$

s.t.

激励相容约束：$r^H - t^H + L_1^H + \gamma^H(pr^H - K) \geqslant r^H - t^L +$

$L_1^L + \chi^H [pr^H - K]$

个人理性约束：$-L_0 + p(t^H - L_1^H) + (1-p)(t^L - L_1^L) \geqslant 0$

财富约束：$t^H \leqslant r^H + L_0 - K$

$$t^L \leqslant L_0 - K$$

可以得到，当 $-K + p(r^H - K) \geqslant 0$ 或 $pr^H \geqslant K(1+p)$ 时，在一份长期债务合同 $L_0 = K$，$t^H = r^H$，$L_1^H = K$ 和 $t^L = L_1^L = 0$ 下，银行愿意为第一个项目融资。这份合同对于农户来说也是激励相容的。

对于现金流重复发生的多期项目，信贷配给能够显著地减少。如果项目的现值比启动成本大很多，那么通过长期合同为第一个项目融资是可行的。如果第一个项目付清，那么第二个项目的再融资是被保证的。这就是银行＋合作社＋农户的融资模式得以运转良好的原因。

三、案例分析与经济解释

以上结论也因应了作者在实际中的经验观察。在作者的调研中，天津宝坻的鸿腾水产养殖园就是通过组建合作社解决单个农户融资难问题的。天津宝坻黄庄洼水资源得天独厚，水产品远近闻名。每到农闲时节，农户会抓捕泥鳅补贴家用，后来开始有农户尝试养殖泥鳅水蛭，但因资金缺口大，养殖规模受限。而且泥鳅水蛭养殖是一个高度依赖技术进行种苗孵化的产业，先期试验成本很高，单个农户很难向银行拿到项目融资。在鸿腾水产公司的发起下，泥鳅水蛭养殖农户组成水产养殖合作社，采用公司＋合作社＋农户的经营模式，公司负责种苗研制、产品外销，合作社负责管理、信用征集，农户负责养殖，形成分工合作共享的泥鳅水蛭养殖产业链。同时，合作社与天津宝坻浦发村镇银行达成合作，通过公司担保的方式，为12家养殖户分阶段拿到720万元的贷款，拿到其中60万元贷款的养殖户刘先生，用半年的时间把养殖规模从15亩扩大到100亩，实现了收入倍增。

对诸多农户而言，缔结合作社的目的之一是解决融资问题，突破金融约束的限制。在一定程度上，合作社相当于一个担保机制，它把农户土地、生产资料、企业自身资产，以及农户和合作社所共同从事的产业能够获得的预期利润组合在一起，成为一种事实上的抵押物或担保物，为入社农户融资提供担保。农户很容易以较低利息从农商行获得贷款，融资难的问题大为缓解，这在很大程度上消除了农户的机会主义行为。实质上，从一般意义讲，入社农户的融资问题就是合作社的融资问题，农户从农商行得到的贷款就是合作社所期望得到的贷款。农户投入和合作社投入在逻辑上是等价的，因而农户面临的信贷配给问题更易得到解决。一般来讲，农业现代化离不开必要的投入，如果农业和农村其他相关产业没有正的（预期）利润率，那么就不可能诱致城市的产业资本、商业资本或金融资本进入到农业领域，而如果不能盘活农村要素市场（包括土地和资本市场），那么即使城市资本欲进入农业和其他相关产业也缺乏必要的路径，从而使资本和土地无法实现有效配置，因此，构建农村内生性货币金融体系就变得十分关键。"金融机构＋合作社＋农户"的融资模式之所以克服了信贷配给问题，就是因为它很好地解决了农户缺乏抵押物和无稳定产业预期收益流的问题，以合作社的形式做组织依托和担保主体,农民最大程度获得了授信。

四、政策探讨与相关建议

我国近年来开展了新一轮的农村金融体系的改革,力求从多渠道融资模式和多层次融资市场中加大对农业和农民的金融支持,村镇银行、小贷公司等金融机构在农村金融市场中开始崭露头角。这些机构是否能从根本上解决农村融资难问题呢?其实分析的出发点还是要回到合约选择问题上,新型农村金融机构能否改善农村融资条件取决于激励相容约束条件下,金融机构的利润最大化选择。根据我们在本节得出的结论,在现有制度约束下,缺乏农地产权可抵押性和连续的产业预期收益率的单个农户,倾向于受到金融机构的信贷约束。在金融机构+合作社+农户的融资模式下,克服了农户缺少可抵押物的劣势,由合作社的长期可预期利润流做保障的农户能得到期望融资,信贷配给问题得到缓解。因此,下一步的农村金融体系构建,应着力从以下几点进行建设。

1. 发展农村合作组织,加强农业产业链条

农村金融抑制的逻辑是制度约束引发的资本约束,缓解之策是要强化农业产业的自生能力和土地(产权)的可抵押性,构建各类与农地产权特性相吻合的农村经济组织,在此基础上,把小农式的家庭生产经营模式改造成规模化的、集约化的农业生产经营模式,通过农地产权和合作组织可预期现金流的可质押性,重组农村的货币金融体系,破解资本约束和制度约束。与此同时,借助生物技术、信息技术和"产业链的商业模式"改传统农业为现代农业。必须重视农户、合作经济组织、专业集团(生产

型公司或商人)、市场和政府等诸多方面的相互协调。社区政府应该鼓励农民自发、自愿组建各类经济合作组织，使各种农业经营型企业和农村合作经济组织在产、供、销方面共享市场信息、知识和农用技术。借助农村合作经济组织使农户和农村经济组织具有持续的、稳固的信贷能力，这是农业产业化、农业现代化和农村社会转型的关键。

2. 创新抵押担保方式，整合现有信贷产品

随着农村经济发展组织形式、产业结构发展，农村金融机构要及时调整经营发展理念，创新抵押担保方式，突破传统贷款抵押模式，扩大授信范围，以多层次专业化的信贷产品服务农村、农业发展建设。早在 2010 年，重庆市政府就确定了以土地承包经营权、农村居民房屋权和林权"三权"为抵押物的金融改革新思路，拉开了"三权"抵押贷款的序幕。但是农村"三权"抵押贷款在区县地域结构、贷款品种结构、贷款银行之间发展极为不合理。2015 年国务院正式下发土地经营权抵押和农民住房财产权抵押"两权"试点方案，农村金融机构要及时做好业务和产品建设。同时根据农村信贷需求的新特点，要进一步整合信贷产品，完善信贷服务功能，更好地为农村经济快速发展服务。

3. 加快农村金融改革步伐，推进信用体系建设

在农村金融改革上，必须立足于服务农村地区多层次融资主体，在增加农村金融机构数量的同时，注重培育以合作金融、村镇银行、小额贷款公司、融资租赁、农产品跨期交易市场为代表的新型农村金融机构，逐步形成开放成熟的农村金融系统，打破城乡分割的"二元金融"，使"普惠金融"覆盖我国广大农村地区；加强信用档案建设，培养农民的信用意识和利用金融服务的

能力;同时发展适合农村特点的保险和再保险系统作为必要保障,增强农村金融可持续发展能力。

第二节　城市建设、政府融资与金融市场:投融资模式探讨

　　城市化的顺利发展需要全面的金融支持,面对城市化建设所需的大量投资需求,构建"升级版"城市建设投融资模式已是当务之急。就目前城市建设的情况来看,城市化建设的资金主要来源于国家预算内资金、国内贷款和自筹资金等。

　　据中国社科院发布的《中国城市发展报告》测算,我国城市化过程中人力资本转移涵盖的公共成本人均约为 13 万,2030 年前按照 3.9 亿需要转移人口算,整体的社会成本约需要 51 万亿人民币。具体而言,人均公共成本依据地区发达程度而有所不同,东部约为 17.6 万元、中部 10.4 万元、西部 10.6 万元,平均值

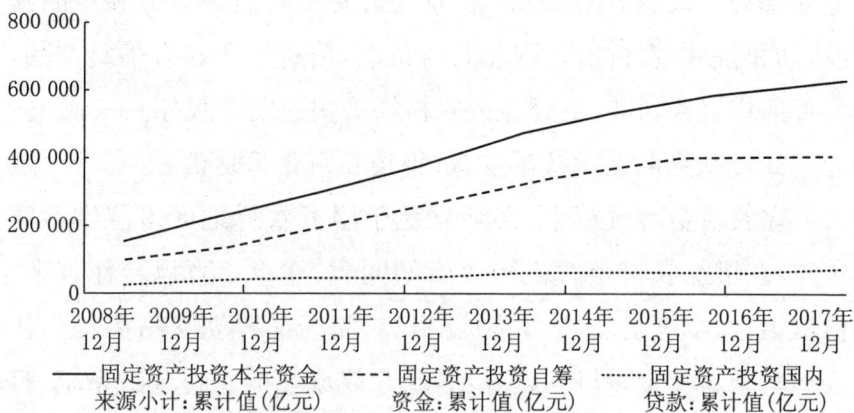

数据来源:国家统计局网站。

图 5.1　城市化建设资金来源

为 13 万元；加上购房成本，东部城镇人均购房成本 12.6 万元、中部 8.4 万元、西部 9.1 万元，平均值为 10.1 万元；再将每年人均 1.8 万元的生活支出算进去，农村人口向城市人口全面转化成本为 24.9 万元。可以说，人口城市化开支巨大。

　　地方政府作为城市化建设的主要推动力量，承担着提供公共服务、基础设施的责任。但地方政府财政收入有限，在城市化巨大的资金缺口下普遍通过主动负债来需求资金。由于地方政府不能作为市场主体主动融资，一般会组建各种形式的政府投融资平台作为融资载体，商业银行等相关金融机构就可以通过直接金融、间接金融的方式为其提供城市化建设资金。近年来，地方政府投融资平台扩张迅猛，但同时存在运作不规范、机制存在缺陷等问题，暗含违约风险，成为经济、金融健康运行的不稳定因素。

　　在城市化快速建设的当下，地方政府融资将长期承压，如何解决财政支出缺口考验国家和地方治理智慧。地方政府融资途径与方式亟须转型，使地方政府融资需求与自身融资能力、外部融资供给相协调，融资权力与融资责任相挂钩。

　　城市化不仅需要大量的资金，金融需求多元化、差异化愈发明显，较为突出的表现是：就产业发展而言，城市化过程中重点发展的新兴产业，前期投资大、一般处于生命周期的前端、风险高盈利能力较弱缺乏抵押物，较难从传统间接融资转向市场融资；城市中大量存在的中小企业信用水平有限、账务不规范、抵押和担保品不足，信用融资有限。城市中新兴产业、中小企业融资的差异化和多元化，需要提升和创新金融供给，以更好地服务城市化发展。

因而,健全城市化投融资机制,充分发挥金融支持城市化的作用,有着重要意义。具体而言,可从以下几点着手:

首先,加快政府财税体制改革。加强地方政府财政收支的纪律约束,在各级地方政府建立全面的资产负债表制度,将地方政府的债务收支纳入预算管理,协调好发债放松与预算从严,对地方政府投资总量与方向进行实时追踪,遏制政府发行地方债和盲目扩张投资的冲动,使城市化融资走向科学良性轨道。

其次,提升地方融资平台质量。整合、规范现有政府支配的优质资产,盘活存量资产,将地方融资平台朝向产权清晰、权责明确、具有持续营运能力的现代股份制公司形式,以提升融资平台公司的现代市场化融资能力。同时,鼓励融资平台公司实行严格内控制度,维持公司净资产与负债平衡、投入与产出平衡,维持稳定现金流,使内控与外部监管要求的“借、用、管、还”相一致,严控金融风险。

再次,加强金融体系供给。在现有的正规金融体系供给难以满足城市化建设需求的大背景下,创新金融体系,解决制度供给不足,发展与新型城镇化相适应的现代金融体系显得尤为重要。加大政策性金融专项支持力度,研究城市基建、住宅政策性金融机构的建立运行,鼓励以公共基金等形式参与城市化建设的可行性与运行机制。发挥大型国有专业银行在资金调集、信息甄别、信用审查和债务风险处理方面的优势,扩大融资范围。

最后,建立多层次资本市场。多层次资本市场的建设对传统融资体系作必要补充,针对城市化建设中差异化、多样性需求,构建起包括财政、信用、债券、股权互相结合的多层次金融支持体系。尤其鼓励发展政府产业基金,领域涉及高新技术产业、新经济产业、教育、医疗等产业,大力发展产城融合发展投资基金,形成集合投资形式,资金来源广泛化,并有效发挥政府资金的杠杆效应。

第三节 本 章 小 结

金融作为城市发展的血液,城市化的顺利发展需要全面的金融支持,面对城市化建设所需的大量投资需求,构建"升级版"城市建设投融资模式已是当务之急。同时,为顺利推动乡村振兴,我国也必须改变金融发展滞后、融资结构性错配等矛盾与问题,在农村推进金融体制创新。本章主要探讨在现有体制机制下,如何更好地突破融资约束,实现金融对城市化建设的支撑作用。

在第一节,作者从理论上构建"农业合作组织—地权—生产—信用制度"的分析基础,探讨农村信用、资本形成、农业产业化和农村社会转型间的逻辑关系。作者重点研究农户的盈利能力、信贷能力、地租分配、信息分布与农村金融深化之间的关系,在解决农村制度约束和金融约束上寻求可行路径,以推进农业现代化,促进城乡一体化发展。在第二节,作者从加快财税体制改革、提升地方融资平台质量、加强金融体系供给和发展多层次金融市场的角度探讨了如何构建全面良性的投融资体系,以更好地支持城市化建设问题。

注 释

[1] 详见 Authur T. Mosher，*Getting Agriculture Moving*：*Development and Modernization*，New York Press，1996。

[2] 详见[日]速水佑次郎、[美]弗农拉坦：《农业发展：国际前景》，吴伟东等译，商务印书馆2014 年版。

[3] 详见[日]速水佑次郎、[美]弗农拉坦：《农业发展：国际前景》，吴伟东等译，商务印书馆2014 年版。

第六章　要素优化、资源配置与经济社会发展
——从产业融合看城市化

城市化过程中,就要素市场来说,城乡资源配置和要素流动主要是依托要素市场完成的,要素市场的发育和完善程度将直接影响城乡经济绩效和城乡居民收入对比。在计划经济时期,要素市场受到了人为的扭曲,劳动、资本、土地等资源配置扭曲。改革开放以后,中国要素的市场化程度渐趋提高,但由于种种制度性壁垒依然存在要素流动不畅、资源配置不合理的现象。国家发改委在《关于实施 2018 年推进新型城镇化建设重点任务的通知》中要求,推进城乡产业融合发展,构建农村一、二、三产业融合发展体系,启动新型农业经营主体培育工程,促进小农户和现代农业发展有机衔接。由此可见,产业的城市化,不仅仅包括城市内部服务产业和工业企业的提升,农业现代化、城乡产业融合、要素合理配置也是题中之义。

第一节　理论探讨:资源配置、要素流动与劳动生产率

本书以为,生产力生产关系不相适应导致的资源错配给中

国经济社会转型带来两大结构性扭曲：

其一，我国农村的人口结构未随农业就业结构和农业在GDP中结构的下降而下降，严重阻碍了我国的城市化进程和资源的合理配置。

前文我们测算过，1952年到2016年，农业增加值占GDP比重从50.5%降到8.6%，而从事农业的就业人员仅降为27.7%，身份附着在农村的人口在2016年时依然有42.7%。改革开放之前农村就业人口占比与农业就业人口占比非常接近，但是改革开放之后农村就业人口占比远超过农业就业人口占比，而且这个缺口近年来有所扩大。从经验研究上讲，农业就业人员在总就业人员中的占比可以反映城乡就业结构状况，而农村人口在总人口的占比则可以反映城乡人口结构的转变。经测度的我国农业与农村人口占比变化趋势见图6.1（由于乡镇企业数据可获取年份有限，作者选取年份1952—2008进行测度说明），表现出城乡人口结构并没有随就业结构转变而转变，两者转变的现状更是与农业日益降低的国民生产总值的贡献度不相符。

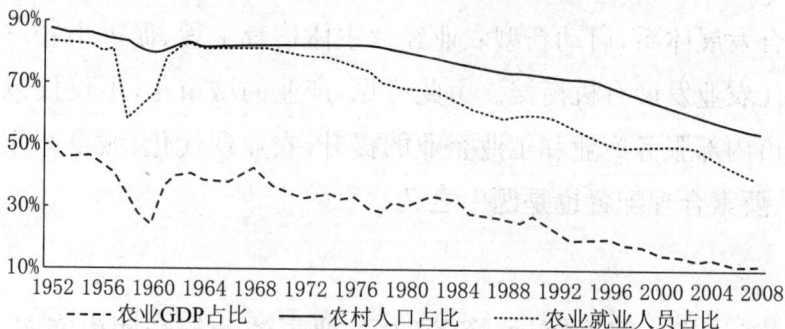

数据来源：《新中国六十年统计资料汇编》、《中国乡镇企业统计年鉴》（1978—2008年）、《中国乡镇企业及农产品加工年鉴》（2009年、2010年、2011年、2012年）以及中国国家统计局网站。

图6.1　农业、农村人口与农业就业人员占比

其二,资源配置扭曲影响了劳动力要素与资本、与城乡工作岗位的配置效率,出现城市企业用工荒和农村普遍隐性失业和聚集效应的浪费,城乡相对劳动生产率同步降低,产业结构不合理。城乡内部的结构性失调和城乡之间的发展失衡是中国发展过程中亟须解决的问题。

首先,我们来看产业结构问题。我们用产业结构合理化,来表征产业之间的协同状况。产业结构越合理,代表要素的配置水平越高,投入—产出比相应越大。我们采用泰尔指数来衡量产业结构合理化水平,计算公式如下:

$$TL = \sum_{i=1}^{n} \left(\frac{Y_i}{Y} \right) \ln \left(\frac{Y_i}{L_i} \bigg/ \frac{Y}{L} \right)$$

这样,我们对 1978—2014 年中国产业结构合理化进行描述和分解。

泰尔指数

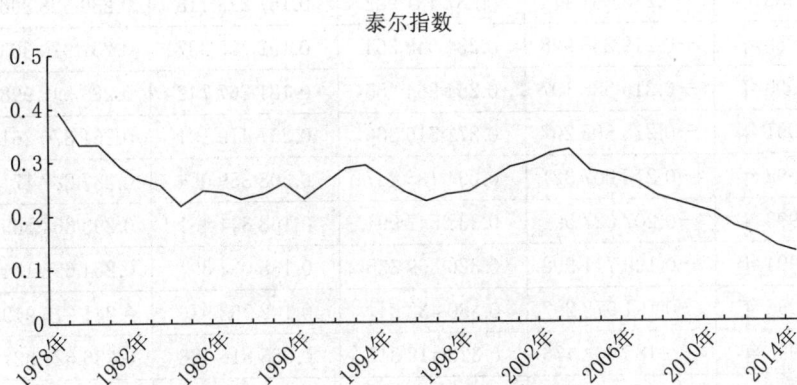

数据来源:《新中国六十年统计资料汇编》、《中国乡镇企业统计年鉴》(1978—2008 年)、《中国乡镇企业及农产品加工年鉴》(2009 年、2010 年、2011 年、2012 年)以及中国国家统计局网站。

图 6.2 泰尔指数

如图 6.2,从 1978 年以来,表征产业结构合理性的泰尔指数日渐趋近于 0,是否能表示我国一、二、三产业合理呢? 其实不然。我们从泰尔指数的分解可以看出一、二、三产业内部的结构性矛盾。

表 6.1　泰尔指数及分解指标

时间	$\dfrac{Y_1}{Y}\ln\left(\dfrac{Y_1}{L_1}\Big/\dfrac{Y}{L}\right)$	$\dfrac{Y_2}{Y}\ln\left(\dfrac{Y_2}{L_2}\Big/\dfrac{Y}{L}\right)$	$\dfrac{Y_3}{Y}\ln\left(\dfrac{Y_3}{L_3}\Big/\dfrac{Y}{L}\right)$	泰尔指数
1978 年	−0.258 736 036	0.481 036 807	0.171 949 79	0.394 250 561
1979 年	−0.251 698 595	0.457 913 65	0.126 310 245	0.332 525 3
1980 年	−0.248 996 697	0.463 815 915	0.118 178 494	0.332 997 712
1981 年	−0.242 738 01	0.420 230 504	0.115 405 311	0.292 897 806
1982 年	−0.239 126 79	0.391 459 461	0.116 128 114	0.268 460 784
1983 年	−0.234 649 997	0.377 759 396	0.112 435 853	0.255 545 253
1984 年	−0.222 742 481	0.327 052 819	0.117 620 761	0.221 931 099
1985 年	−0.224 233 037	0.304 175 941	0.164 159 348	0.244 102 252
1986 年	−0.220 162 547	0.296 741 654	0.164 534 757	0.241 113 863
1987 年	−0.216 543 035	0.286 909 879	0.161 906 162	0.232 273 006
1988 年	−0.215 631 174	0.287 731 922	0.167 228 118	0.239 328 866
1989 年	−0.219 383 928	0.284 548 354	0.192 755 937	0.257 920 363
1990 年	−0.216 586 197	0.264 864 453	0.181 267 742	0.229 545 998
1991 年	−0.218 565 207	0.272 516 366	0.207 419 101	0.261 370 261
1992 年	−0.215 207 321	0.294 135 437	0.208 359 054	0.287 287 17
1993 年	−0.207 027 591	0.332 547 994	0.168 344 461	0.293 864 865
1994 年	−0.199 711 908	0.326 369 335	0.138 034 697	0.264 692 124
1995 年	−0.191 978 297	0.330 432 24	0.102 762 976	0.241 216 919
1996 年	−0.185 604 476	0.326 412 315	0.085 816 488	0.226 624 327
1997 年	−0.183 528 404	0.322 264 674	0.098 864 743	0.237 601 013
1998 年	−0.182 867 29	0.304 282 113	0.121 492 739	0.242 907 562
1999 年	−0.182 809 006	0.306 539 599	0.139 387 526	0.263 118 119
2000 年	−0.180 063 259	0.319 177 448	0.147 450 12	0.286 564 309

（续表）

时间	$\dfrac{Y_1}{Y}\ln\left(\dfrac{Y_1}{L_1}\Big/\dfrac{Y}{L}\right)$	$\dfrac{Y_2}{Y}\ln\left(\dfrac{Y_2}{L_2}\Big/\dfrac{Y}{L}\right)$	$\dfrac{Y_3}{Y}\ln\left(\dfrac{Y_3}{L_3}\Big/\dfrac{Y}{L}\right)$	泰尔指数
2001 年	−0.178 370 821	0.310 394 987	0.164 526 589	0.296 550 755
2002 年	−0.176 379 588	0.322 617 518	0.165 612 759	0.311 850 688
2003 年	−0.170 738 436	0.338 777 344	0.152 416 167	0.320 455 075
2004 年	−0.166 814 535	0.324 708 501	0.123 097 22	0.280 991 186
2005 年	−0.157 185 213	0.317 615 375	0.114 486 809	0.274 916 971
2006 年	−0.147 873 805	0.299 418 834	0.110 226 539	0.261 771 568
2007 年	−0.142 030 097	0.259 231 409	0.120 954 706	0.238 156 018
2008 年	−0.138 840 776	0.253 277 122	0.110 043 936	0.224 480 283
2009 年	−0.133 356 547	0.226 713 481	0.117 797 452	0.211 154 387
2010 年	−0.128 820 204	0.219 560 114	0.108 258 723	0.198 998 634
2011 年	−0.123 440 05	0.206 426 589	0.095 899 434	0.178 885 973
2012 年	−0.120 082 946	0.177 582 939	0.105 307 524	0.162 807 516
2013 年	−0.113 390 86	0.162 565 11	0.092 780 121	0.141 954 371
2014 年	−0.107 154 733	0.152 643 545	0.081 431 975	0.126 920 786

数据来源:《新中国六十年统计资料汇编》、《中国乡镇企业统计年鉴》(1978—2008 年)、《中国乡镇企业及农产品加工年鉴》(2009 年、2010 年、2011 年、2012 年)以及中国国家统计局网站。

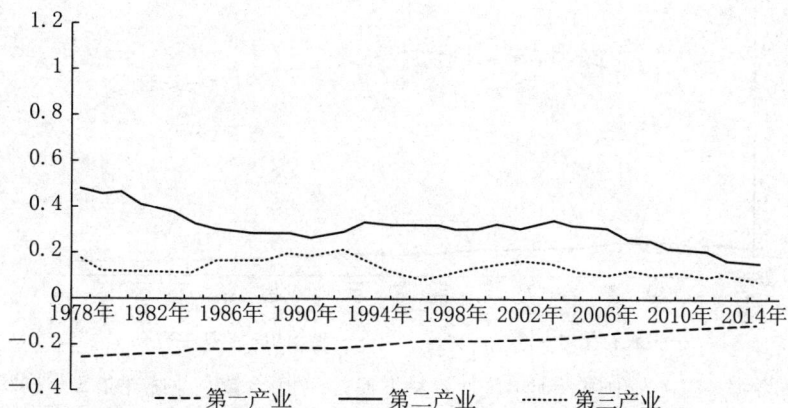

数据来源:同上。

图 6.3　泰尔指数一、二、三产业分指标

在分指标上,第一产业指标始终是负值,主要是农业劳动从业人员占比始终大于农业在 GDP 中占比的缘故,体现了制度性壁垒造成的农业劳动力转移的滞后,农业中生产力与生产关系矛盾。

接下来我们用城乡相对劳动生产率来解释上文的原因。在本书中,定义农村相对劳动生产率 $= \dfrac{\text{农村 GDP 比重}}{\text{农村劳动力比重}} =$ $\dfrac{\text{农业 GDP} + (\text{乡镇企业总产值} - \text{乡镇企业中农业产值})}{\text{农村劳动力比重}}$,城镇相对劳动生产率 $= \dfrac{1 - \text{农村 GDP 比重}}{1 - \text{农村劳动力比重}}$。在我们的定义中,农村 GDP 用农业 GDP +(乡镇企业总产值 - 乡镇企业中农业产值)表示,主要是考虑到农村中工业、服务业以及现代农业"接二连三"(承接二三产业发展)的特点,这样得出的农村 GDP 更能反映农村的现实。由于乡镇企业数据的可得性,我们只观察到2011 年的情况。

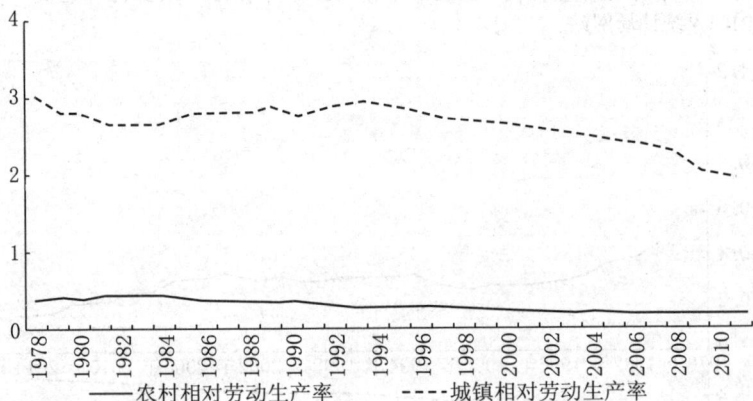

数据来源:《新中国六十年统计资料汇编》、《中国乡镇企业统计年鉴》(1978—2008 年)、《中国乡镇企业及农产品加工年鉴》(2009 年、2010 年、2011 年、2012 年)以及中国国家统计局网站。

图 6.4　农村和城镇相对劳动生产率

在劳动力流动受到制度性约束的情况下,农民会选择全部在农村劳作,而这种劳动力——土地的配置是不合理的,细碎而有限的土地资源根本不足以吸收如此多的劳动力进程生产,这样就产生了大量的剩余劳动力,农村的相对劳动生产率就会低于城镇相对劳动产业率。而人为的制度性壁垒也扭曲了城镇部门人力资本与工作岗位的匹配的合理性,影响了劳动力要素与资本、与城乡工作岗位的配置效率,使得城镇的部门和农村部门一样,相对劳动生产率呈现不断下降的态势。

由于人口结构并没有伴随着就业结构的同步性转变,经济增长的“红利”没有被城乡社会群体均等地分享,而是仅仅通过农业劳动生产力的外流来促进经济增长,使得城乡二元结构加剧。经笔者测算的城乡二元对比系数$\left(\text{城乡二元对比系数} = \dfrac{\text{城镇相对劳动生产率}}{\text{农村相对劳动生产率}}\right)$在 1985 年后有不断增大的趋势支持了这个论断,见图 6.5。

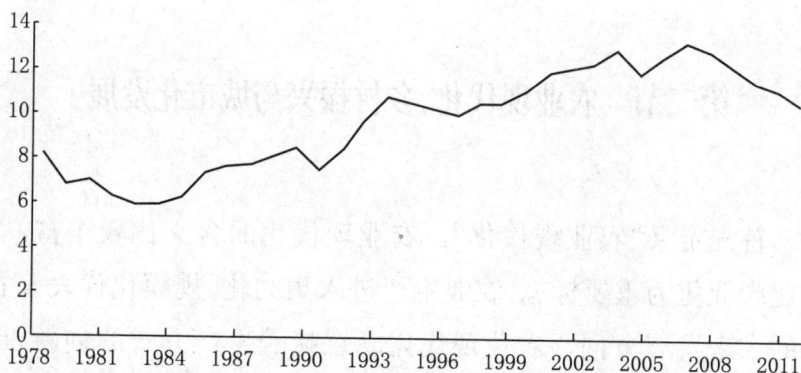

数据来源:《新中国六十年统计资料汇编》、《中国乡镇企业统计年鉴》(1978—2008 年)、《中国乡镇企业及农产品加工年鉴》(2009 年、2010 年、2011 年、2012 年)以及中国国家统计局网站。

图 6.5　城乡二元对比系数

我们在前文的分析中可以得知,要打破城乡分割,实现真正融合意义上的城市化,就要解决生产力、生产关系相矛盾的现状。具体而言,就要实现两个约束条件的突破,通过农业现代化构建农业自身生产能力和新型城镇化来实现从"自然村落"向城镇式的"居民社区"的转型。农业现代化与新型城市化这两大动力机制,均是从人口、土地、资金等要素集中的视角出发的:集中农村要素,发展农业现代化;集中城镇化过程中的生产要素,发展新型城镇化。

在整个转型过程中,不可能存在没有产业支撑或基础的城市化,不可能存在不推进农业现代化的城市化,也不可能存在缺乏产业自生能力的城市化。总体而言,我国目前不仅存在城乡差距,还存在贫富差距;不仅存在制度约束,还存在金融约束,因此,我国人口城镇化赶不上土地的城镇化,农业现代化赶不上工业化和城镇化。因此,同步推进城市化产业进展和农业现代化具有十分重要的现实意义。

第二节　农业现代化、乡村振兴与城市化发展

首先定义"农业现代化"。农业现代化的含义比较丰富,以农业产业化为重要标志,农业生产进入集约化、规模化代表着农业的未来发展方向。农业现代化既意味着生产方式的创新,也预示着生产经营的价值链向生态、环保、公共卫生、信息等产业不断地延伸,从而呈现出专业化和分工协作的商业经营模式。此外,农业现代化也是农村社会转型的核心环节,与传统的小农

式的生产方式有着巨大的区别。农业现代化代表着传统农村、农业、农民的转型，对缩小城乡差距、实现农业内生生产能力构建有重要意义。农业现代化是乡村振兴和城市化发展的重要支撑力量。

一、农业现代化与乡村振兴

在我国沿海东部地区、各大中城市的近郊受到城市和发达地区（或经济中心和产业中心）人力资本、知识、技术、思想、文化，以及资本的"辐射"或实质性影响，因而产业发展快，分工与专业化程度深，城镇化率高、土地价格涨，城市或发达经济区的"外溢效应"已转化成这些地区的"租金红利"，农民已摆脱传统农业生产变为"产业工人"，面临着要建设新型城镇的要求。

但在边远山区、在广大的离城市或距离经济中心比较远的内陆腹地，难以承接城市或经济中心对外部地区的"辐射效应"，无法在产业上与城市或经济中心平滑对接，城乡二元经济结构特征十分明显，工业化（农业产业化）、农业现代化、信息化和城镇化水平极低，城乡分割，城乡经济以各自的方式运行，难以互补，无法协调。由于远离城市或经济中心，边远山区和内陆腹地缺乏产业带动，土地价格偏低，农民无法分享"地租红利"，靠农业而生存的农户生产效率低下，收入水平低，有着要提高生产效率，发展现代农业的需求。

因此，在转型的中国，实际上存在着两种农村和两种农民，一种是远离城市或经济中心的农村和农民，一种是倚靠在城市或经济中心边缘的农村和农民，它们的发展需求是不同的。远离城市的农村，要着重提高农业现代化水平，而能得到城市辐射的区域要加快推进新型城镇化建设。

　　强调将农业现代化在构建中国城市化发展体系中的重要作用,是为了塑造农村内生性的增长能力。我们知道,传统农业是天然的弱质产业,因此农业的边际产出率低于城市工商业的边际产出率,这导致农村人口不断地流入城市,直至农业边际产出率与城市工商业边际产出率相等为止。但是,如果仅仅依靠农业人口在市场机制的自发调节下向城市转移并在客观上导致农业边际产出率和城市工商业的边际产出率相等,那么即使最终实现了城乡产业均衡,这个均衡也会是个低水平、低质量的均衡,与这个均衡相对应的农业产业依旧是落后产业,农村与城市的均衡只不过是劳动力流动上的均衡,并不是农业内部的分工与专业化不断地深化和扩展的结果,传统农业也并没有得到根本性的改造,农村组织形态也没有产生根本性的变革,即使看起来由二元经济转型成了一元经济,那么在城市内部仍会突现出收入分配上的二元结构。这样的城市化依然不是"健康"的城市化。基于此,全面协调可持续的城市化的核心在于与农业现代化相关联的农地制度的创新与户籍制度的改革,强调在培育农村内部农业产业和非农产业的自生能力与竞争优势的基础上发展农业,通过统筹人口、土地、资金等生产要素为突破口,实现城乡发展一体化的战略目标。唯有这种条件下的城乡均衡才是高水平、高质量的均衡。

　　就我国目前的经济社会发展而言,已进入了全面推进城市化和农业现代化的关键时期。"三化同步"已经进展多年,我国也经历了"农业为工业提供积累"、"农工自我发展"、"工业反哺农业"三个阶段,在此时再次将农业现代化和新型城镇化提出来作为发展的重要动力,有着重要的战略意义。随着国家对农业发展的重视加强,财政收入用于农业发展的支持力度也越来越大。农业现代化的发展也取得了较大进展。在技术支撑、农业产业内部体系构建、经营体系建设上取得了较快发展,推动农林牧渔结合发展,农业生产"接二连三"(与二三产业融合发展)。突出表现在规模化集约化的高标准农田水利建设有了成套的制度保障,同时农业科技创新有了较快发展,应用物联网、大数据、移动互联等高新技术来对农业的生产、销售领域进行研究监督,推动农业技术的全面改造升级,农业高新技术企业发展迅速。农业生产结构和区域结构日渐清晰,各地因地制宜发展特色现代农业生产。多种形式的农业适度规模经营有利地推进了农业机械、科技成果的推广以及农业全产业链的建设。

二、农业现代化突破——制度还是技术?

城乡发展不平衡表现出的生产力、生产关系的矛盾,需要从农业生产力方面着重突破,提高劳动生产效率,缩小城乡差距。最近几十年,有关农业发展对国民经济增长相对贡献的学说,已经发生了巨大变化。经济学家从关注城市工业增长对农业发展的作用,到重视农业剩余对经济的作用,反映了当代农业发展的新变化。传统西方经济是以农业技术迅速发展、人口增长适中、随着收入增长对农产品的需求反应下降为特点的。如果因农业劳动生产率迅速提高而产生的农业剩余劳动力能从乡村部门的低生产率就业中解脱出来,并对整个经济增长做出重要贡献,城市产业的迅速发展就必然会被明显地感受出来。

　　尽管技术创新、技术扩散对农村改革发展而言是必要的,但当前农业技术创新贡献度并不突出,据高帆研究,其深层次原因是,在现有的制度约束和金融约束下,农户的分散化、零碎化和家庭化对技术创新和扩散产生了排斥效应,即使部分农户有意愿采用技术进步也会受到信贷供给不足等方面的约束。[1]因而,关键在于重新分配传统农业体系内因制度约束和资金约束被扭曲的资源,来发展农业现代化。

　　因而,制度上推进农业现代化建设,从组织创新入手,解决制度和金融约束,合理实现新型投入供给部门和生产部门的资源分配问题。这些部门由新型投入的供给者,如农业新型组织机构、社会研究机构和农业资源供给机构的组成。这些部门在稀缺资源的利用上是同时与其他经济部门展开竞争的。社会如何向这些新型投入部门分配资源以及资源如何在这些部门范围内的不同活动中进行分配,是现代农业发展面临的重要问题。这些部门的某些产品(如新型种植技术、种苗),并不通过市场交易。这就提出了有关产品需求和要素存量如何通过新型组织在供给者和需求者间传递的问题;[2]并引出了体制变革和各种经济变革之间的相互关系。经济体制要转变成为使隐含在新的技术方法内的经济收入得以实现的社会,需要一种在组织上高度协调的现代农业体系,必须体现供给知识和新型投入的社会和私人的经济行为,体现体制对新的经济机会的经济反应,而不是把技术变革和体制变革作系统的外生变量。

　　通过组织的方式促进各要素的集中、生产资源的合理配置,是一个突破制度约束框架合理解决当前农业发展问题的重要方式。农村的基本生产制度联产承包责任制因应了改革时期的需求极大地促进了生产的发展。然而经济社会发展到如今,为了农民收入的持续增长以及提升农民的市场定价能力和政策影响能力,积极推进农业经营的组织化进程已是大势所趋。

从目前的发展来看,我国农业经营的组织化进程尚处在起步和探索阶段。这种情形可以从农户推进组织化的意愿、农业合作社的内部治理机制、政府提供公共产品的状况等角度进行解释,农业经营组织化相对滞后表明我国尚未构建起与市场经济相适应的农户与农户、农户与市场、农户与政府的新型伙伴关系。为此,必须改进,这样对户籍制度、土地制度、农村金融制度、人力资本形成制度、法律建构和执行力等方面进行制度创新,如何加快推进农业组织化进程,保障生产的高效、农民收入的提高,是我们要重点关注的。

三、农业发展与农业现代化进程

要分析农业现代化问题,让我们先从农业制度变迁的过程来看政府政策导向。近些年来,伴随着城乡收入差距的加大、农业发展的滞后,政府开始对农业、农村、农民"三农"问题开展有针对性的引导。政府大力推进农业发展,稳妥有序展开农村改革,实现城乡统筹发展,最终目的也是要解决农民的问题。1982年以来的中央"一号文件"连年聚焦农业发展问题,体现了政府对农业发展的政策调控与支持方向。下面我们从政策背景、主要内容和政策效果来逐年分析政府"一号文件",为接下来的农业现代化发展寻找制度、政策层面的指导。

表 6.2　1982 年以来"一号文件"的推行及政策效果

	年份	政策背景	主要内容	政策效果
农村经济体制彻底改革期	1982—1986	原有的人民公社体制严重束缚了农民的生产积极性,农村增收缓慢,农村与城市差距加大	改革原有生产体制的束缚,建立联产承包责任制	调动农民生产积极性,城乡居民收入差距逐步缩小
1	1982	三级所有、队为基础的计划经济体制阻碍了微观主体的创新行为,包产到户在农村推行,但亟须理论和政策上的肯定	在理论上确立包产到户制度推行的必要性	包产到户政策普及率两年内达到 100%,改革了农村价格体制,提高了 18 种农产品收购价格
2	1983	新型生产经营制度逐步推广,亟须进一步制度和组织保障	进一步肯定家庭联产承包责任制在我国农村发展中的地位,对指导思想的解释更为解放,指出联产承包既可包到组,也可专业承包	至此,原有的制度体系开始从内到外解体
3	1984	农村政策开始规范化、连续化,但承包制的发展和农民预期需要进一步政策巩固	承包土地 15 年不变,同时明确了农村生产的重要性	粮食产量大幅提高,首次突破 8 000 亿斤大关
4	1985	全国很多地方的农业生产表现出不能适应市场消费需求的特点	扩大市场调节力度,鼓励乡镇企业发展	加快农村工业化,进一步搞活农村经济
5	1986	部分地区农业生产积极性降低,农业技术低下	强调农业生产的重要性,鼓励技术在农业生产领域的推广	农业技术的培育被放到了生产中的重要位置
统筹城乡进程中的关键期	2004—2008	1997 以来的六年里,农民增收缓慢不及 4%,远远低于城镇居民。农村社会经济事业发展基本无起色	城市支持农村,工业反哺农业。将"三农"工作重新作为全党工作的重中之重,建设社会主义新农村,以工促农、以城带乡	农民人均收入进入较快增长期,粮食生产连年增产,2007 年突破 5 亿吨大关;农民人均纯收入 2007 年突破 4 140 元

（续表）

	年份	政策背景	主要内容	政策效果
6	2004	几年以来全国农民人均纯收入连续增长缓慢，城乡收入差距逐渐拉大	以促进农民增收作为"三农"发展的出发点和落脚点	国家开始在政策上、财政上和市场培育上全方位促进农民增收，弥合城乡差距
7	2005	通过2004年的政策和财政支持，农民收入显著提高。保证农民收入增加的长效机制亟待稳定	进一步扩大农业税免征范围，着力建立农民减负的长效机制。强调通过立法使国家重大支农政策制度化、规范化	国家开始重视把制度创新提到提高农业发展的重要地位
8	2006	如何在新形势下将农业农村农民发展纳入一个体系是解决的重要问题	推进社会主义新农村建设：强调推进现代农业建设，发展新型农民，建设新型农村	自此开始一轮蓬勃发展的社会主义新农村建设
9	2007	农业生产和组织方式落后，继续现代化生产组织方式的提升	文件鲜明提出，建设社会主义新农村要把建设现代农业放在首位	它既对既往的新农村建设中出现的重视生产不够、改善生产条件不利等问题有纠偏功效，也适应了农业发展的现代化、规模化大趋势
10	2008	食品价格上升引起的2007年CPI超预期走高，保障农业发展，稳定农产品价格水平成为经济社会平稳发展的保障	加强农业基础设施建设，稳定农产品收购水平，完善农产品流通市场	保障农业生产和农产品价格水平被放到了重要地位，防止因食品价格而引起物价水平的大起大落。强调了农业在国民经济中的基础性地位
金融危机以来农业政策的调整期	2009—2016	为农业可持续发展提供政策指引	在农业基础设施、农业科技、农村金融、农业经济合作组织等领域开始有重点分层次地推进农业现代化发展	在农业发展中的一些难点问题有针对性地逐个突破

（续表）

	年份	政策背景	主要内容	政策效果
11	2009	金融危机危及国家的各个领域，粮食生产的安全亟须保障	稳粮、增收、强基础、重民生	在经济危机形式下，农村经济保持了平稳较快发展
12	2010	保持政策连续性、稳定性成为"三农"工作的要点	明确提出用统筹城乡的思路来夯实农业农村发展的基础	"三农"投入"总量持续增加、比例稳步提高"的政策使得三农投入大大增多
13	2011	2005年以来实行的水利建设机制不甚合理，水利基础脆弱，欠账太多，洪涝干旱灾害又连续几年发生，水利问题突出	加快水利改革发展，通过5年到10年的努力从根本上扭转水利建设明显滞后的局面	农田水利建设成为农村基础设施建设的重点任务，节水工作贯穿于经济发展和群众生活的全过程
14	2012	2000—2010年以来，GDP的高速增长并没有带来农业的增长，远落后于美国等国家，以大量消耗资源为特点的传统农业生产难以为继	加大农业科技投入，鼓励发展集约、环保型农业	农业设施装备条件改善，农村创业试验田和农田水利建设加强，农业机械化加快
15	2013	我国人均1.4亩的耕地面积只为世界平均水平的三分之一，农民种粮积极性不高	提出发展农村合作经济组织，大力发展农村组织化建设	农业生产进入组织化、规模化生产，社会资本更多地参与到农业建设事业上
16	2014	我国农业发展，要尽快从主要追求产量和依赖资源消耗的粗放经营转变到数量质量效益并重、提升竞争力上去	发展现代农业，健全城乡发展一体化体制机制，改善乡村治理机制	农业生产发展在现代化发展的道路上前进
17	2015	面临国内外价差和补贴约束问题，农业生产效率的提升变得格外重要	将提升生产效率作为"三农"工作的重中之重	确定加大改革创新力度加快农业现代化建设

（续表）

	年份	政策背景	主要内容	政策效果
18	2016	新常态下，"供给侧"改革体现在社会生活方方面面。农业"供给侧"改革着重从生态保护、新农村建设、现代农业着手	提出在农业基础设施建设等方面提高农业供给侧的改革	农业"供给侧"改革开始全方位实施
19	2017	农产品供需结构失衡、粮食库存高企、农产品进口冲击较大、农民增收动力衰减、资源环境严重透支等问题制约了农业农村持续平稳发展	过去主要是农业生产力范畴内的调整，现在要在突出发展生产力的同时，注重体制改革、机制创新，增强内生发展动力	不断深化农业供给侧结构性改革，开创"三农"工作新局面

资料来源：作者关于新浪网、凤凰网相关专题报道总结。

　　纵观 1982 年以来中国的农业农村体制改革与发展，可以同时清晰地看出中国现代化发展与改革的脉络。在改革初期，1982—1986 年，是我国农村经济的彻底变革期，这个"彻底"主要是变革了以前人民公社体制，将家庭联产承包责任制作为基本的经济制度。自此，中国的农业发展开启了第一个黄金期。2004—2008 年，这五年的"一号文件"开启了"以工促农、以城带乡"的新时代。受国际金融危机的影响，2009 年我国经济社会事业全面下滑，农业的生产和销售也受到了巨大冲击，在此形势下发布的"一号文件"，对于稳定经济、保持民心具有重要意义。接下来各年的"一号文件"，开始有针对性地对我国农村经济社会发展中面临的关键性约束条件进行逐一解决，以实现农村、农业、农民的全面进步和发展。具体而言，制度上的创新主要集中在支持农村合作组织、农村金融发展以及扩大农产品销售渠道等手段切实提高农民收入，增加农业生产率。

仔细分析，我国农业制度变迁也是围绕着突破农业发展的两大约束条件——制度约束和资本约束展开的。受制于农地产权约束，我国农民在农业生产时缺乏可抵押物，而使其在面对农村金融部门时常常受到信贷配给，土地与资本的配置成本偏高。本来农业在现代产业体系中就属于"弱质"产业，受信贷压抑又难以从农业内部分化出相关的"非农产业"。地权和资本两大约束造成了农民、农地和农产品的分割，使得生产效率长期不高。随着中国农产品市场越来越具有买方市场的特征，单纯通过增加农业产量提高农民收入已经不再可行。

作者观察到，在改造传统农业的过程中，通过在生产、销售的各环节构建专业化的组织体系，实现要素的有效配置，一方面能将农户与市场更好地结合，另一方面传统农民也在现代化的生产经营方式中融入到了现代城市经济体中。多重约束构成了对现代农业发展的制约，许多地区的基层政府、资本拥有者、企业家、农民或主动或被动、或积极介入或被动卷入到了农村与农业的持久转型之中，在现有的制度参数的约束下，各方都选择自认为最有利的方式而展开关联博弈，在这个过程中，出于各自动机或利益诉求，资本和土地结合，或者资本和劳动结合，或者权力渗进资本和土地的交易过程，从而出现了各式各样的农业合约和组织形态，在组织创新的过程中实现了制度约束和资本约束的突破，农业现代化水平得到了较大提高，有利地促进了农村内生生产能力的构建，促进农村收入水平的提高，加快了城乡一体化进程。

四、生产制度与农户选择

我们之前讨论过,受制约于我国农业生产经营的家庭联产承包责任制,农户以小农形式组织生产经营,在生产资料的购买、农产品的生产和销售全部独立在市场上进行交易。如果这个过程中,农户能对农产品的种植情况、销售渠道、价格变动趋势各方面的情况都有完全对称的信息,也就没有加入合作社的必要了。而恰恰是这些信息的不可得或不完全可得阻碍了农户生产的发展,收入的提高,他们才有动力加入合作经济组织来平抑由各种不确定性造成的风险。

在本部分的理论模型里,作者要解决如下两个问题:

(1)市场经济条件下的小农如何在固有的生产制度条件下,实现盈利预期;以及对小农式家庭经营方式的放弃和对替代性的生产经营方式的选择,是否符合政府利益与预期的问题。

(2)给定农户所面临的农地产权约束和信贷约束,农户间构建合作经济组织的生产方式是否具有稳定性?为此,作者构建了一个两阶段的博弈结构,来探讨同质性农户和异质性农户在不同情况下的"均衡(制度)条件"。

1. 同质性农户合作不可行的经济解释

合作经济组织能否产生,能否诱使缔约各方的预期收益率处在彼此反应最优的均衡路径上,必须要有更"稳健的条件"。我们来看在同质性农户中是否存在这种条件。小农户是否愿意采取集体行动,主要取决于对合作方履约的预期以及在此预期下做出的反应所导致的预期绩效。我们在许多地方的调查发现,同质性农户很难合作,即使缔结了合作组织,也很难有效运转。基于此,有必要对同质性农户合作不可行的逻辑提供详尽的理论分析。

我们用 n_d、c_d 表示运销的固定成本和边际成本,需要补充的是,此时 N 个独立生产的小农户是同质的,即具有相似的资源禀赋、利益诉求和行为方式,而且,一般来说,同质农户大多生产经营规模小,获取和处理信息的能力相对较弱,在市场中缺乏竞价或谈判优势,具有较强的合作意愿或潜在需求。但小农户有严重的机会主义倾向,在缺乏选择性激励和有约束力协议的情况下,存在搭便车行为,即使缔结了合作组织,也会因为卸责行为而导致合作崩溃。

表 6.3　同质性农户博弈矩阵

农户 E	农户 F	
	合　作	不合作
合作	$\dfrac{(\overline{P}_0 - \overline{P}_t - c_d)X - n_d - g}{N}$, $\dfrac{(\overline{P}_0 - \overline{P}_t - c_d)X - n_d - g}{N}$	$\dfrac{(\overline{P}_0 - \overline{P}_t - c_d)X - n_d}{N} - \dfrac{g}{\varphi N}$, $\dfrac{(\overline{P}_0 - \overline{P}_t - c_d)X - n_d}{N}$
不合作	$\dfrac{(\overline{P}_0 - \overline{P}_t - c_d)X - n_d}{N}$, $\dfrac{(\overline{P}_0 - \overline{P}_t - c_d)X - n_d}{N} - \dfrac{g}{\varphi N}$	$\dfrac{(P_0 - P_t - c_d)X - n_d}{N}$, $\dfrac{(P_0 - P_t - c_d)X - n_d}{N}$

显然,合作社的组建与运行将导致组织成本与运营成本,我们把因合作产生的成本记为 g。理论上,可以假定合作社提供的农产品价格 $\overline{P}_0$ 高于普通农户的市场卖价 P_0,诸多的实地调查也证明了这一假设的合理性,因此有 $\overline{P}_0 > P_0$,此外,进一步假定合作社对农户产品的收购价格 $\overline{P}_t > P_t$,这个假定同样来自经验观察,这也使得合作社对农户具有潜在的吸引力。对每个农户而言,存在两种选择:合作和不合作(搭便车)。前者是分享

合作的收益同时分担合作的成本,后者是分享合作的收益但不分担合作的成本。用 φ 表示小农户的合作意愿 $\Big(0 < \varphi < \dfrac{g}{[(\bar{P}_0 - P_0) - (\bar{P}_t - P_t)]X}$,则可用 φN 表示 N 个农户中愿意合作的农户数$\Big)$。

由于农户是同质的,我们从 N 个农户中任选两户——农户 E 和农户 F 构建博弈结构。由于理性的参与人 E 和 F 都是根据自己的成本收益核算来决定自己的行为,我们发现,同质农户的博弈会导致囚徒困境的结果,如表 6.4 所示。显然,(搭便车,搭便车)将是最终的选择,相比(合作,合作)的结果来说,它具有收益占优的纳什均衡性质。当绝大多数农户都做出这种选择时,同质性农户构建的合作组织就难以维持了。具体而言,组织起来的同质农户尽管在销售上采取了联合行动,但由于单个同质性农户在生产技术上的优势远胜于他们在营销上的优势,在激烈的市场竞争中他们仍缺乏有效的信息搜寻和分析能力,因此,在有限的利润空间中他们所获不多;同质农户间的合作也会因机会主义的动机而导致普遍性的搭便车现象,从而使合作成本很高并最终使合作难以为继。"高合作成本和低合作收益",加之缺乏有约束力的合约,使得同质性农户构建的合作承诺变得不可置信。

综上所述,本书可得如下命题 1:

给定信贷约束和农地产权约束,同质性农户尽管有合作意愿,但合作并非占优策略;相反,搭便车的非合作行为是占优策略。这意味着在该条件下,合作并不可行。

2. 异质性农户的"合作均衡"

同质性农户假设是一个非常严苛的假设。对绝大多数农户来说,这个假设在相当程度上符合历史和现实,是因为,大多数农户所受的教育相同,生活习性相近,资源禀赋等同,因而他们在生产经营过程中的行为会出现惊人的一致性,表现出强烈的选择"同质性"。但是,更普遍的情况往往是,在多数农户中总有极少部分农户资源禀赋、受教育程度,以及学习能力上表现出不同寻常的"异质性",因此,随着农户与农户在市场上的竞争,总有些农户在"寻利机会"的把握上、在最终所获得的财富上与众不同,因之,假以时日,异质性大户就会在众多农户中间脱颖而出。比如我们前文讨论的津美合作社中的作为基础的龙头企业,这个"大户"可以是具体的一个人,也可以是一个企业,或者是一个团体;可以产生于生产环节,也可以产生于销售环节。

这些大户由于预期到能够获得更多的剩余控制权、剩余索取权,甚至获取某些特殊的政治收益而愿意作为合作社的发起者而积极地动员同质性农户缔结合作经济组织。他们往往利用自身的经营优势和政府提供的政策便利而成为创建合作经济组织的推进者和主导者。普通农户(即同质性农户)在不付出或者付出较小成本的情况下,宁可让渡出更多的剩余控制权和剩余索取权以换取由合作社带来的良好的市场环境、合理的销售价格、完备的技术指导、更有效的信息和金融服务,以及作为惠顾者的分红,等等。

基于上述讨论,为了更清楚地观察异质性农户和同质性农户缔结合作组织的"选择机制",我们不妨做如下假设:N 个农户不再同质,分为两个差异明显的群体——N_1 个异质性大户和

N_2 个同质性的小农户。显然,有如下等式和不等式成立:

$$N = N_1 + N_2$$
$$N_1 \ll N_2$$

上面两个式子表明,农户总数等于同质性农户和异质性农户的和,在数量上,异质性农户远少于同质性农户。我们在许多跨地区的个案调查中充分证实了这一点。

我们假定,无论合作,还是不合作,无论组织化的生产经营,还是分散化的生产经营,异质性农户和同质性农户能从社会总收益中得到份额是不相等的,因为各自拥有的生产经营能力不同,假定他们分别从社会总收益中所得到的份额分别是 α 和 β,显然有 $\alpha + \beta = 1$。于是,有如下式子成立:

$$\frac{\alpha}{N_1} \gg \frac{\beta}{N_2}$$

即单个的异质性农户比单个的同质性农户从社会总收益中所得份额要大很多,这个假设同样符合我们的经验观察。如果异质性农户和同质性农户要缔结合作经济组织,则合作后异质性农户所得收益份额不会少于 α,否则,他们不会有动机与异质性农户缔结合作组织,反过来,同质性农户在合作后所得收益份额至少与 β 相等,否则他们同样没有动机与异质性农户合作。

在异质性农户和同质性农户的合作中,合作成本不再在成员之间均等分配,而是大户分担成本 g_1,普通成员分担成本 g_2,且 $g_1 + g_2 = g$。

为使分析变得更为简洁,我们假设有两类博弈参与者,其代表分别是大户 S 和普通成员 T,于是,两类人的博弈就可简化成两个人的博弈。在博弈中,双方都是理性的,都会在给定另一方行为的情况下做出最合乎自身利益的反应,而且,同质性农户和异质性农户所分摊的合作成本是不对等的,$g_1 \gg g_2$,这样,异质性农户和同质性农户之间将产生类似"智猪博弈"的结果。

表 6.4　异质性农户博弈矩阵

大户 S	普通农户 T	
	合　作	不合作
合　作	$\dfrac{\alpha[(\bar{P}_0-\bar{P}_t-c_d)X-n_d]-g_1}{N_1}$, $\dfrac{\beta[(\bar{P}_0-\bar{P}_t-c_d)X-n_d]-g_2}{N_2}$	$\dfrac{\alpha[(\bar{P}_0-\bar{P}_t-c_d)X-n_d]-g}{N_1}$, $\dfrac{\beta[(\bar{P}_0-\bar{P}_t-c_d)X-n_d]}{N_2}$
不合作	$\dfrac{\alpha[(\bar{P}_0-\bar{P}_t-c_d)X-n_d]}{N_1}$, $\dfrac{\beta[(\bar{P}_0-\bar{P}_t-c_d)X-n_d]-g}{N_2}$	$\alpha\dfrac{(P_0-P_t-c_d)X-n_d}{N_1}$, $\beta\dfrac{(P_0-P_t-c_d)X-n_d}{N_2}$

我们可以得出博弈均衡是农户选择合作而不选择分散生产,合作能够带来合作盈余。一般而言,合作盈余来源于同质农户和异质农户所拥有物质资产(包括土地)和人力资本的互补性,以及合作后生产经营规模的扩大导致平均成本的节约,此外,合作后的市场谈判力也提高了,所有这些优势均会通过合作后的产品售价和成本结构体现出来。显然,如下不等式成立:

$$\bar{P}_0-\bar{P}_t > P_0-P_t$$

这里,可令 $[(\bar{P}_0-\bar{P}_t)-(P_0-P_t)]=\theta$。

这意味着,至少在理论上,要使同质农户和异质大户合作的两个必不可缺的条件分别是:

$$\frac{\alpha\left[(\bar{P}_0 - \bar{P}_t - c_d)X - n_d\right] - g_1}{N_1} \geqslant \alpha \frac{(P_0 - P_t - c_d)X - n_d}{N_1}$$

$$\frac{\beta\left[(\bar{P}_0 - \bar{P}_t - c_d)X - n_d\right] - g_2}{N_2} \geqslant \beta \frac{(P_0 - P_t - c_d)X - n_d}{N_2}$$

由上两式分别可得如下算式：

$$\alpha\theta X \geqslant g_1$$

$$\beta\theta X \geqslant g_2$$

这两个不等式的经济含义是：异质性大户和同质性农户分别能从合作盈余所得到的份额大于各自所承担的组织（协调）成本，就会选择合作，否则就宁可各自独立地"分散经营"。

由于 $\frac{\alpha}{N_1} \gg \frac{\beta}{N_2}$，因此 $\alpha\theta X / N_1 \gg \beta\theta X / N_2$ 一定成立，这意味着如下两个结论是可接受的：

其一，单个异质性农户从合作盈余中所得到的远大于单个同质性农户所得到的；

其二，单个异质性农户比单个同质性农户有更强烈的动机把相关成员组织起来进行联合生产经营。

为了确保（合作，合作）是稳定均衡和可持续的，必须将"合作"规约化、制度化以防止缔约后双方的机会主义行为，因此，合作组织必须建立惩罚机制，此机制必须满足如下条件，这里设惩罚额度为 ε，即：

$$\varepsilon \geqslant \omega\theta X + g_i, \quad \omega = \begin{cases} \alpha \\ \beta \end{cases}, \quad i = \begin{cases} 1 \\ 2 \end{cases}$$

上式表明，如果缔约方不能信守合作承诺，他（她）将受到惩罚,惩罚的结果使他(她)比不合作时的处境还要差。

综上所述,可得如下命题2:

给定信贷约束和农地产权约束,在存在合作盈余并且异质性农户可以从中分享更多盈余比例的情况下,异质性农户的合作意愿要远强于同质性农户的合作意愿。在现有政策条件下,大户往往成为中国式合作社的推动者和引领者。进一步,在存在有效惩罚机制的情况下,合作承诺是可置信和可持续的,因而也是稳定的。

3. 基层政府与农业合作经济组织

在我国的农村地区,存在着除"大户"以外基层政府来开展合作经济组织的建设情况。之所以政府会在这一内生与农业生产发展的组织创新中发挥主导作用,是因为当地种植或生产"大户"的缺乏。这种"大户"资源的稀缺可以由两种极端的情况来解释:或者是偏远山区,农业现代化发展极端低下,农户的性质高度趋同,缺乏兼具人力资本和大量资金的大户。

在表6.5所反应的博弈分析中,我们将考虑基层政府与同质性农户之间的博弈,并把所有同质性农户的支付当作一个整体来考虑,农户的支付结构仍如上文所设,政府的支付则由其政绩决定,我们假设基层政府的"政绩"由如下几个部分构成:第一,是它的初始政绩,设为E_0,在经济学的含义上可以把E_0看成是基层政府不做任何推进合作社决策的情况下的"政府效用";第二,由于推进(本地)合作经济组织并成功地实现了农户增收的经济目标而得到上级政府肯定,可以定义为基层政府的"政治收益",用θ_1表示。一般来说,上级的肯定往往是基层政府领导晋升的必要条件;第三,基层政府采取有效方式把农户组织起来发展特色农业,也将得到农户的肯定,这是基层政府所获得的社会声誉,用 θ_2 表示。这三个部分本质上都是基层政府领导可以感觉到的"效用"。在上述假设下,我们来分析基层政府和农户之间的博弈,如表 6.5 所示。

表 6.5　基层政府与农户博弈矩阵

农　户	政　府	
	建　立	不建立
加　入	$(\overline{P}_0 - \overline{P}_t - c_d)X - n_d,$ $E_0 + \theta_1 + \theta_2 - g$	$(P_0 - P_t - c_d)X - n_d, E_0$
不加入	$(P_0 - P_t - c_d)X - n_d,$ $E_0 + \theta_1 - g$	$(P_0 - P_t - c_d)X - n_d, E_0$

正如前文所指出的,在缺乏大户的情况下,如果本地的资源禀赋具有难以替代的独特性,从而本地的出产不仅为市场所需,而且由于产品品质好于同类而具有良好的、稳健可靠的盈利前景,政府为了改善农户的经营绩效,一定会选择建立具有规模效率和共同分摊风险(机制)的合作经济组织。

从上表可知,由于基层政府承担了缔约成本(即组织合作社的成本)g,故最终效用可表示为:$E_0 + \theta_1 + \theta_2 - g$,又由于同质农户接受了政府组建合作社的"政策主张"和具体指导,因此,在不承担缔约成本情况下其收益值可表示为:$(\overline{P}_0 - \overline{P}_t - c_d)X - n_d$。

正如前文所论述的,如下式子显然成立:

$$\overline{P}_0 - \overline{P}_t - c_d > P_0 - P_t - c_d$$

又因为 $\theta_1 + \theta_2 - g > 0$,则基层政府和农户之间构建合作社的均衡结果必然是(建立,加入),这个结果显然具有收益占优的纳什均衡性质。

　　在作者看来,本节所发展出来的分析逻辑并没有否认命题2,相反是命题2所包含的分析逻辑的自然延伸。在存在信贷约束和农地产权约束的情况下,如果拥有相对优越的地理区位和特殊禀赋,农户所生产的农产品或果品具有相当明显的品质优势,良好的市场前景将使农户获得不可忽略的、潜在的增收机会,而且这种增收机会将因为生产经营的组织化、品牌化而获得相应的稳健性和可持续性。在这种情况下,基层政府就能够而且应当替代大户来构建合作社。

　　由此,我们得到命题3:

　　在存在信贷约束和农地产权约束的情况下,如果农户所生产的农产品或果品具有相当明显的品质优势和良好的市场前景,基层政府将履行大户的"引领功能",把农户动员起来,缔结具有预期盈利能力的合作经济组织,既实现农民增收目标,也提高基层政府政治和社会声誉并赢得政治资本。

　　本书的结论具有一般性意义,能够有效地解释转型期中国式合作组织的基本性质,解释了农村社会中的政府、农民和企业在信贷约束和农地产权约束下,通过构建基于各方利益的"合约组织",达到农地、农民、农品的联合,大大提高农业生产效率和各方收益,是提高农业现代化环节中组织化的重要一环。

第三节　产城融合:政府还是市场

　　随着城市化的推进,新城区和新工业区遍地开花,有些只有土地和资本的堆积,却缺乏人气和商机,不少新区人口密度极低,而且由于投资没有后续效应,政府往往债台高筑。正如文贯中在《吾地无民——城市化、土地制度与户籍制度的内在逻辑》一文中指出,人口和土地的集聚所带来的边际效益(经济和福利的增量)一定要大于边际成本(例如因污染、社会不安定所带来的成本),这样的城市化才是可持续的。如果人口和土地的集聚并不带来集聚效益,即并不产生净经济增量,向这种城市集聚的企业并不能使生产成本得以下降,技术进步得以加快,那么,在自由流动的环境下,企业会迁走,人口会随之萎缩。著名的汽车城底特律就是一例。随着企业和居民的大量外迁,当地税收无法维持城市日常运作,入不敷出,最后被迫申请破产。这说明该市的净集聚效应已经为负。因而,城镇化发展一定要兼顾人口、土地、产业和社会的平衡。

关于"产城融合"的理念,是自 2009 年以来我国各地城市化发展中陆续提出来的,其出现在国内正式文献中是 2011 年。张道刚认为,城市化与产业化要有对应的匹配度,不能脱节分离,"产城一体化"的突破口是激发城镇社区这一结构单元活力,把产业园区作为城镇社区加以打造,把城镇社区提升为"产业发展服务区",推动经济发展从单一生产型园区经济向多功能的生产、服务、消费等多点支撑的城市型经济转型。[3]刘卫等总结了学者们的共识,定义"产城融合"为产业、城市和人的有机统一发展,以促进城镇土地的集约化利用和城镇发展的科学化。实质是通过城市产业的转型升级、城市生产与生活功能的契合及城市空间的整合,统筹推进新型工业化和新型城镇化的互动发展。[4]潘锦云等认为,产城一体化发展是社会经济发展到现阶段的必然产物。传统的工业化发展大都以高能耗高污染为特征,为了城市居民免受污染人为地把生产区和生活区分离,产城分离符合传统城市功能分区的需要。[5] 而随着科技进步和工业文明发展,出于交易成本考虑,产城一体化成为时代发展的需求。蒋华东发现,现在城市规划范畴内的产城一体化,仍然停留在传统的城镇化配套、适应于产业化的做法上,容易出现"千城一面",应重点考虑城市内涵,产业业态融入城市形态。[6] 刘荣增等根据国内新区建设的实践,总结出目前国内城市新区建设时政府追求的产城一体化包含的三层涵义:一是产业发展与城市功能完善同步,成为功能完整的城市新区;二是产业甄选、布局与城市未来发展定位相吻合,符合城市发展规划的性质;三是产业融合达到新区与老城区。前两层次的"产"是产业的概念,后一层次的产是产业聚集区,是一个区域概念。[7] 钟顺昌等认为城镇化过程中普遍产城一体化程度低,城市新区有城无产、虚假城镇化严重,老城区产城能级低、城市等级与产业层次结构性不匹配,产业园区有产无城、区城互补融合性差,提出制度创新是提高城镇化发展质量、加大产城融合的内生动力。[8]

作者认为,研究产城一体化,不能仅局限于产业布局和城市功能,应总结我国城市化发展的实践经验,围绕人口、土地等要素,从制度层面探索我国新型城镇化发展。近年来,国家层面出台的相关政策为产城一体化实践提供了重要的指导,直接推动了产城融合实践在各地的普遍开展。自国家"十二五"规划明确提出要遵循城市发展规律,"统筹规划、合理布局、完善功能"促进我国城镇化健康发展以来,很多地区产城一体化实践取得积极效果。一些城市的创新做法为产城融合发展提供了新的思路,如我们在第三章里分析的,"深圳模式"、"华明模式"、"浙江特色"等。

深圳是产业发展带动城市发展的典型案例。"十二五"期间,作为中国改革开放的前沿城市,深圳可利用的土地资源已接近极限。面对空间提升和功能优化的双重挑战,深圳市以"产城融合"为目标,采取"全产业口径、全空间布局"思路,整合产业布局与城市功能关系,进行了底限约束型的产业分区。深圳市新的产业布局,以五类分区(中心区、过渡区、产业园区、特色资源区、生态保护区)为基础,根据城市自身的空间层次确定产城融合的分层次目标,进行功能引导。在城市的空间格局上,在全市形成"城市—组团—产业分区"的三级空间层次。表6.6为深圳"产城融合"的基本格局。光明新区是深圳市打造新型城镇化的样本,也是产城融合的样本区。工业基础雄厚,2007年被批为新的功能区,与传统的工业园区相比,光明新区采用全新的管理模式,作为深圳市政府的派出机构,职能整合,机构精简,更有利于为产业园区发展提供"一条龙""一站式服务"。城市建设上以绿色为主基调,生态控制线占新区总面积的53%,是全国绿色建筑最多、最大的"绿色建筑示范区"。

表6.6　深圳"产城融合"的基本格局

空间	行政体制	建设用地	常住人口	公共设施
城市	市	890 km²	1 100 万人	市级
组团	功能区	70—130 km²	100—150 万人	区级
产业分区	社区服务机构	10—20 km²	10—15 万人	社区级

资料来源:课题组2015年5月在上海、天津、广东、浙江的调研,经笔者整理。

《国家新型城镇化规划(2014—2020)》提出,发展以人为本、四化同步、优化布局、生态文明、文化传承的中国新型城镇化道路,一大重要保障就是制度保障。通过完善城镇化体制机制创新,从户籍管理、土地管理、社会保障、财税金融、行政管理、生态环境等制度创新方面保障新型城镇化发展,扫除阻碍城镇化健康发展的体制机制障碍。一系列的制度创新需求如何一一实现,保障从"自然村落"向以人为本城镇式的"居民社区"的转型,从根本上决定着城镇化进程,考验着制度创新者的智慧。

根据以往的城镇化建设情况,出现过因政府职能履行不当带来的制度扭曲问题,政府部门片面追求城镇化的速度,"盲目造城",对人的城镇化和市民化问题不够重视。尤其在失地农民补偿和安置方面的失误,将给经济社会发展带来严重的不稳定因素。另外,在公共服务提供、社会保障建设和环境保护等方面也对新型的城镇化建设提出了越来越高的要求。要摆脱以往传统的、低效率的城镇化老路,在户籍管理、土地管理、社会保障、财税金融等一系列问题上得到切实解决,都需要在制度上进行创新,这在很大程度上检验着新型城镇化建设的质量。作者认为,通过协调好政府和市场的关系,发挥它们各自的作用,制度创新层面顺势而为,减少扭曲,在尊重市场发展规律的基础上,充分重视"人"的保障,做好引导和制度创新工作,是当下城市化发展的题中之义。

在我国经济社会建设的实践中,政府和市场的关系问题的讨论贯穿始终。在建设中国特色社会主义过程中,我们一直遵循在政府宏观调控背景下发挥市场对资源的调配作用。发达经济体在经济指导理论和社会发展思路上进行了几百年探索,依然处理不好政府与市场的关系,历次经济危机和社会危机的发生就是两者关系扭曲的体现。俄罗斯照搬新自由主义框架力图建立完备的市场经济体系,减轻政府功能主要发挥市场在资源配置中的作用,结果是不但没能形成完善的市场体系,也带来政府职能缺位,自由化的实施并没有带来经济的高效率运转。可见,政府与市场在经济社会建设中的模式选择不能一概而论。

不论从经验现实还是现有研究来看,我国经济社会转型期间的城镇化建设,尤其是人口、产业、土地、经济、社会协同程度更高的城市化建设中,政府在其中制度供给者的地位是非常必要的。

我们知道,市场配置资源有其自发性、盲目性和滞后性,需要在必要的社会品和经济社会制度上由政府来补充供给。否则,政府若是在制度创新中缺位,将必然带来市场机制发挥的不畅、要素创新的受压抑。这样一来,城镇化发展必然将面临有效供给不足的压力。根据经济社会发展经验,在有政府与非政府主体参与制度安排的社会博弈中,政府由于有快速集聚资源的能力和强大的政治号召力而处于绝对优势的地位。在城镇化进程中涉及经济社会的方方面面,对资源的调控能力和政治力量的运用上政府将起主要作用[9],主导着城镇化建设的方向、速度、形式等主要方面。

在新型城镇化建设快速推进的现阶段,政府的重要作用体现在制度创新上。从前文的分析中我们可以得出,阻碍城乡一体化的关键性的制度约束——生产制度、土地制度、户籍制度等问题只能由政府来解决,通过打破原有的体制机制束缚,建立各要素同等自由流动的有利的制度环境,才能快速稳步地推进城镇化建设。以制度创新为主的政府引导和推动机制在城乡一体化发展中能快速聚集资金、政策、产业和人口,不论是发展现代城镇还是改造传统乡村,通过制定相应的城镇化发展战略,如强镇扩权、城乡统筹、产业支撑等,通过微观层面不断地制度创新和宏观层面的区域发展政策,实现对区域内的城镇化速度、水平、模式和路径的有效推动与引导。

在组织机构方面,在不同的工作领域成立专门的部门制定政策,注重利用政府的宏观导向效应引导城镇化发展的合理性。政府主导新型城镇化进程,还源于新型城镇化的根本性的发展需求。新型城镇化的"新"体现在以人为本,人是一切要素集合的核心,来逐渐改革不利于城乡一体化发展的户籍制度及相关配套制度,将生产关系调整中的主要因素——人,放在首要位置。通过探索常住人口落户制度,以医疗、教育、交通等优越的公共服务,吸引高层次外埠人才,发展"智慧新居民",提升城镇的人口聚集程度和智慧水平。在产业选择上,既考虑当地的区位发展优势和资源优势,又充分考虑人口的就业和人力资本的匹配情况。这些制度的创新和公共服务的提供以及产业的选择只能由政府来完成。

经历了城市化粗放增长的"盲目造城"阶段,"健康"的城市化,将产业、人口、土地、社会和经济的城镇化统一了起来,实现要素互通,城乡融合。城市化是多方面问题的综合,我们要通过在新形势下新型城市的构建,跳出传统粗放型的城市化发展路径,在土地制度、户籍制度、生产结构上做出制度创新。同时在产业结构、社会保障和公共服务均等化等问题上做出实质性的突破。

因而,我们所说的产城融合发展,是把城区(市、镇)的产业功能、城市功能、生态功能融为一体,利用产业形成的基础,推进土地开发、交通建设、基础设施建设;形成人口聚集,公共服务配套发展,再结合商业化服务,构筑宜居宜业,融合发展的格局。我们沿用李光辉构造的产城融合发展路径图的框架[10],引入空间融合的目标,构建如下(图 6.6)产城融合系统。

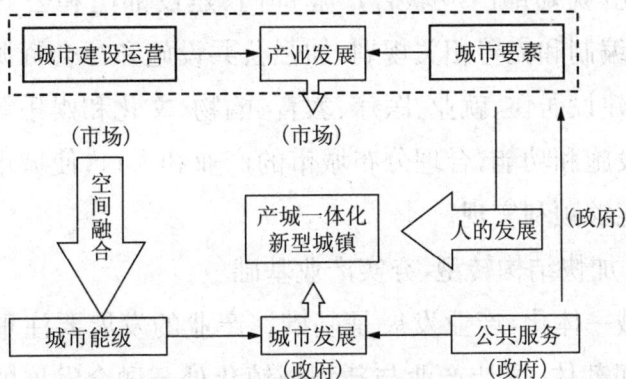

图 6.6　产城融合系统

　　该系统的中心是建成产城一体化的新型城市。产业发展、城市发展、人的发展、空间融合是四大子目标。城市要素、公共服务、城市建设运营、城市能级是四个循环的系统。城镇化的发展进程中,最突出的是资源的集聚效应。要素的流入(劳动力、资本、技术)通过市场机制形成产业集聚,通过市场化的生产运营体系反过来促进其发展。要素集聚、城建发展、产业提升促进了整个城市的空间融合,提升了城市能级。在城市化进程中,政府可以发挥的作用是巨大的,在城市规划、公共服务等方面,政府的作用都至为关键。政府对公共服务的供给和城市能级的政策偏好决定了城市发展的质量,产—城、产—人、人—城的发展相互适应,最终达到产城融合的发展中心目标。

　　基于此,对产城融合的发展格局做出以下基础判断:

（1）规划顶层设计，注重融合理念

规划是城市建设的依据和发展方向，强化产城融合发展的顶层设计，将城市和工业区在规划上合二为一，不仅要注意空间融合，更要注重功能契合，使工业区真正成为城市的有机组成部分。因此，规划部门应联合产业部门、建设部门和公共服务部门，共同编制和完善相关规划，加强公共设施和社会资源的完备性，加快建设居住、就业、医疗、教育、购物、文化和娱乐等一系列的城市设施和功能，合理分布城市的产业和人口，使城市的形态和功能能够顺利实现。

（2）加快结构转型，夯实产业基础

产城一体化，产业发展是基础。产业的发展要注重搭建有效的空间载体，要让产业与新型城镇化处于融合发展的良性状态，以融合发展促进两者的提质增效。城市化过程中，产业发展不应追求"高"、"大"、"全"，应在结构转型的过程中，积极培育和发展主导产业，提供充分的就业机会以满足居民自身发展需要。根据因地制宜原则，建立健全多层次的产业体系，实现不同产业间的"高低配"，为不同层级人口提供更多的选择机会。

（3）加大公共服务，突出城镇特色

在新型城镇化发展中，要提升城市能级，加大公共服务提供力度，突出特色，建立符合发挥本土优势城市发展模式。应在加强城市规划和城市功能设计的基础上，进一步拓宽公共服务的覆盖面，以面广质优的公共服务促进要素集聚，推进产—人融合、人—城融合，提升产城融合发展水平。由于我国城市的层级和结构存在较大差异，产城一体化实践在不同城镇侧重点有所不同，产城一体化应着力发挥城市优势，实现特色发展，防止"千镇一面"。一地一情,完全照搬特定的产城一体化发展模式,并不一定适合。

(4) 以人为核心,宜居宜业宜民

人是一切要素集合的核心,产城融合必须以人为本,逐渐改革不利于产城融合发展的户籍制度及相关配套制度。通过探索常住人口落户制度,以医疗、教育、交通等优越的公共服务,吸引高层次外埠人才,发展"智慧新居民",提升城镇的人口聚集程度和智慧水平。同时围绕产业集群发展的布局体系,既要考虑农业转移人口既有的人力资本专有特征,又要考虑未来产业发展所需要的人力资本素质,有针对性地提高农业转移人口的职业技能,使市民化后的农业转移人口具备获取长期工作机会和提升收入水平的能力,为产城融合的城市化发展提供长足的智力支持。

第四节　本章小结

在本章,我们从产业发展的层面探讨了城市化过程中所涉及的要素优化、资源配置问题。我们在前文一直强调,当下的城市化,是要以城乡统筹、城乡一体、要素互通、和谐发展为基本特征的城镇化,既与农业现代化相辅相成,又注重城市发展过程中的产业支撑、人居环境、社会保障等因素,真正将土地、产业、人口、社会的城镇化统一起来。

在第一节,我们分析了生产力生产关系不相适应导致的资源错配给中国经济社会转型带来的结构性扭曲;在中国整个经济社会转型过程中,不可能存在没有产业支撑或基础的城市化,不可能存在不推进农业现代化的城市化,也不可能存在缺乏产业自生能力的城市化。于是,我们在第二节,我们重点研究了农户的盈利能力、信息分布、资本形成和农业现代化之间的关系,以推进乡村振兴,促进城乡一体化发展。在第三节,我们讨论了政府和市场在促进要素集聚和生产发展中的各自作用,提出政府制度创新的必要性。作者认为,政府作为城市化制度变迁中重要的制度供给者,无论是在强制性制度变迁还是诱致性制度变迁中,都起着重要的作用。政府的制度导向将对城市化的建设方向和质量有着重要作用。

注　释

[1] 参见高帆:《中国农地"三权分置"的形成逻辑与实施政策》,《经济学家》2018 年第 4 期。

[2] 详见[日]速水佑次郎、[美]弗农拉坦:《农业发展:国际前景》,吴伟东等译,商务印书馆2014 年版。

[3] 参见张道刚:《"产城融合"的新理念》,《决策》2011 年第 1 期。

[4] 参见刘卫、凌筱舒:《基于产城融合理念的专业镇新型城镇化发展研究——以广东新塘镇为例》,《小城镇建设》2015 年第 1 期。

[5] 参见潘锦云、姜凌、丁羊林:《城镇化制约了工业化升级发展吗——基于产业和城镇融合发展的视角》,《经济学家》2014 年第 9 期。

[6] 参见蒋华东:《产城融合发展及其城市建设的互融性探讨——以四川省天府新区为例》,《经济体制改革》2012 年第 11 期。

[7] 参见刘荣增、王淑华:《城市新区的产城融合》,《城市问题》2013 年第 6 期。

[8] 参见钟顺昌等:《产城融合视角下城镇化发展的新思考》,《商业时代》2014 年第 6 期。

[9] 参见辜胜阻、成德宁:《农村城镇化的战略意义与战略选择》,《中国人口科学》1999 年第6 期。

[10] 详见李光辉:《我国产城融合发展路径研究》,安徽大学博士论文,2014 年。

第七章 总结与展望

中国的城市化是伴随着工业化、信息化与农业现代化同步推进的,具有特殊的制度特征。由体制转轨、结构转化、供给侧改革构成了现阶段中国经济发展的基本格局,本轮城市化,承担了更大意义上的降低城乡关系中的不协调因素,促进更平衡、更充分的发展功能,因而,从城乡发展的视角来研究中国的城市化之路,具有一定的理论和现实意义。

中国城市化的特殊性在于由制度约束和资本约束导致的城乡分割阻碍了城市化的全面协调进展,破解多重约束是我国城乡一体化的关键所在。由于传统农业以生产城乡居民生活所需要的主粮为主,附加值低、价格波动大,这使传统农业与第二、第三产业相比具有天然的弱质性,导致城乡居民人均 GDP、人均消费水平、城乡劳动生产率、城乡固定资产投资绩效出现质的差异性,进一步又诱发了农村资本向城市逃逸,从而使农业与农村社会转型面临严重的金融约束。此外,它还面临由户籍制度和农地制度所诱发的制度约束。附着在户籍制度上的教育、医疗、社会保障等权能约束进一步使拉大城乡差距。与此同时,城乡经济发展不平衡,呈现出二元经济结构的显著特征,因此在城市化的历史进程中还存在着结构约束。这些约束条件是我国城乡间不平等的基础,这些约束的破解是促进城乡一体化、实现城市化的重要着力点。

新一轮的城市化,是以城乡统筹、城乡一体、要素互通、和谐发展为基本特征的城市化,是以人为核心的城市化,注重保护农民利益,既与农业现代化相辅相成,又注重新型城镇的建设中综合协同对其发展起支撑作用的产业、人口、社会和生态环境、公共服务等要素,在建设中严格执行土地、产业、人口、社会的城市化相统一。城市化的发展,土地约束、户籍约束、金融约束、权能约束等都要在政府的制度创新实践中得到突破。在此基础上,我们才能建立起权益均等、城乡协调、经济发展、社会和谐的社会主义的现代化强国。

基于以上分析,作者提出以下几项未来关乎城市化发展的建议。

一、改革户籍管理制度,积极引导,加强管理,形成全国统一的在劳动力市场和城乡间相统筹的公共服务体系。逐步将城乡间的待遇、福利从户籍中剥离出来,消除户口作为所有歧视性劳动力市场行为的合法性基础的地位,使户口仅仅执行人口登记和管理的职能,使农村居民享受到与城市居民同等的权利。

二、健全金融服务支撑体系,加快农村金融改革步伐,完善城市投融资机制。在农村,发展农村合作组织,加强农业产业链条;创新抵押担保方式,整合现有信贷产品;推进信用体系建设。在城市,加快政府财税体制改革;提升地方融资平台质量,加强金融体系供给。

三、优化资源配置推进产城融合,产业的发展要注重搭建有效的空间载体,要让产业与城市处于融合发展的良性状态,以融合发展促进两者的提质增效，防止企业风险转化为城镇风险。规划顶层设计，注重融合理念；加快结构转型，夯实产业基础；加大公共服务，突出城镇特色；以人为核心，宜居宜业宜民。

四、因地制宜推进城市化，选择不同发展路径。不同地区，不同的历史逻辑起点（经济水平、产业特点）造就了不同的城市化道路。乡镇企业比较发达而且集中的地区，应选择符合当地区位优势和资源优势的相关产业和技术，吸引人口集聚。当产业、技术水平达到一定规模的水平时，政府提供秩序规范和人口、土地、公共服务相关的制度供给。以政府制度创新为主线的城市化，可通过快速聚集资金、政策、产业和人口，不论是发展现代城镇还是改造传统乡村，及时有效地制定相应的城乡统筹的城镇化发展战略。

五、城市化要协调好城市和农村关系。强调在培育农村内部农业产业和非农产业的自生能力与竞争优势的基础上发展农业，以通过统筹人口、土地、资金等生产要素为突破口，实现乡村振兴，进而打破城乡间不均衡不平等的发展，才能更好地促进城市化，唯有这种条件下的城乡均衡才是高水平、高质量的均衡。

参 考 文 献

(一) 中文著作

[1]［印度］阿玛蒂亚·森：《伦理学与经济学》，王宇等译，商务印书馆 2003 年版。

[2]［英］安格斯·麦迪森：《中国经济的长期表现：公元960—2030》，伍晓鹰等译，上海人民出版社 2008 年版。

[3] 安同良、卞加振、陆国庆：《中国工业反哺农业的机制与模式：微观行为主体的视角》，《经济研究》2007 年第 7 期。

[4] 蔡继明：《乡村振兴离不开新型城镇化》，财新网，http://opinion.caixin.com/2018-01-26/101203585.html.2017。

[5] 陈斌开、林毅夫：《发展战略、城市化与中国城乡收入差距》，《中国社会科学》2013 年第 4 期。

[6] 陈吉元、胡必亮：《中国的三元经济结构与农业剩余劳动力转移》，《经济研究》1994 年第 4 期。

[7] 陈锡文：《构建新型农业经营体系加快发展现代农业步伐》，《经济研究》2013 年第 2 期。

[8] 陈锡文：《中国特色农业现代化的几个主要问题》，《改革》2012 年第 10 期。

[9] 陈学法：《二元结构变迁中的户籍制度与土地制度变

革》,《宏观经济研究》2009 年第 12 期。

[10] 陈雨露:《中国新型城镇化建设中的金融支持》,《经济研究》2013 年第 2 期。

[11] 陈宗胜、黎德福:《内生农业技术进步的二元经济增长模型——对"东亚奇迹"和中国经济的再解释》,《经济研究》2004 年第 11 期。

[12] 程恩富:《马克思主义经济学研究》(第三辑),中国社会科学出版社 2013 年版。

[13] 程恩江、刘西川:《小额信贷缓解农户正规信贷配给了吗?——来自三个非政府小额信贷项目区的经验证据》,《金融研究》2010 年第 12 期。

[14] 程莉、刘志文:《农业现代化与城乡收入差距:内在逻辑与实证分析》,《财经科学》2013 年第 7 期。

[15] 程俐骢:《中国城市化成效分析——二元结构的视角》,《同济大学学报》(社会科学版)2011 年第 6 期。

[16] 崔传义:《走出二元结构的重要关键在于解决好农民工问题》,《经济与管理研究》2009 年第 1 期。

[17] 崔西伟:《城乡一体化的理论探索与实证研究》,西南财经大学博士学位论文,2007 年。

[18] 邓宏图:《理性、偏好、意识形态与社会演化:转型期中国制度变迁的经济史解释》,经济科学出版社 2009 年版。

[19] 邓宏图:《中国寿光市农业和农村社会转型:一个基于个案调查的经济史与政治经济学评论》,《中国农村观察》2012 年第 6 期。

[20] 邓宏图:《组织、组织演进及制度变迁的经济解释——

质疑"伪古典化"的"杨小凯范式"》,《南开经济研究》2003 年第
1 期。

　　[21] 邓宏图、崔宝敏:《制度变迁中的中国农地产权的性质:
一个历史分析视角》,《南开经济研究》2007 年第 6 期。

　　[22] 邓宏图、李德良:《农地产权、合约选择与制度变迁:一
个有关农地租约的历史逻辑分析》,《江苏社会科学》2008 年第
5 期。

　　[23] 邓宏图、李亚:《过渡期中国制度变迁的经济史解释:
1956—1996——"体制困局"与改革的内生性和过渡性》,《南开
经济研究》2005 年第 2 期。

　　[24] 邓宏图、鹿媛媛:《同质性农户、异质性大户、基层政府
与合作社——经济解释与案例观察》,《中国经济问题》2014 年第
4 期。

　　[25] 邓宏图、王巍:《农业合约选择:一个比较制度分析》,
《经济学动态》2015 年第 7 期。

　　[26] 邓宏图、王巍、韩婷:《转型期农业合作社的现实与逻
辑:来自山东寿光的经验观察》,《中国农村经济》2014 年第 7 期。

　　[27] 邓宏图、周立群:《工业反哺农业、城乡协调发展战略:
历史与现实的视角》,《改革》2005 年第 9 期。

　　[28] 丁守海:《中国城镇发展中的就业问题》,《中国社会科
学》2014 年第 1 期。

　　[29] 丁志国等:《我国城乡收入差距的库兹涅茨效应识别与
农村金融政策应对路径选择》,《金融研究》2011 年第 7 期。

　　[30] [美]凡勃仑:《有闲阶级论》,蔡受百译,商务印书馆
1964 年版。

［31］高春亮、魏后凯：《中国城镇化趋势预测研究》，《当代经济科学》2013 年第 4 期。

［32］高帆：《中国城乡二元经济结构转化的影响因素分解：1981—2009 年》，《经济理论与经济管理》2012 年第 9 期。

［33］高梦滔、姚洋：《农户收入差距的微观基础：物质资本还是人力资本？》，《经济研究》2006 年第 12 期。

［34］辜胜阻、成德宁：《农村城镇化的战略意义与战略选择》，《中国人口科学》1999 年第 6 期。

［35］辜胜阻、李华：《以"用工荒"为契机推动经济转型升级》，《中国人口科学》2011 年第 4 期。

［36］辜胜阻、李华、易善策：《城镇化是扩大内需实现经济可持续发展的引擎》，《中国人口科学》2010 年第 3 期。

［37］辜胜阻、李正友：《中国自下而上城镇化的制度分析》，《中国社会科学》1998 年第 2 期。

［38］辜胜阻、刘江日：《城镇化要从"要素驱动"走向"创新驱动"》，《人口研究》2012 年第 6 期。

［39］辜胜阻、刘江日、李洪斌：《中国城镇化的转型方向和配套改革》，《中国人口科学》2013 年第 3 期。

［40］辜胜阻、孙祥栋、刘江日：《推进产业和劳动力"双转移"的战略思考》，《人口研究》2013 年第 3 期。

［41］辜胜阻、杨建武、刘江日：《当前我国智慧城市建设中的问题与对策》，《中国软科学》2013 年第 1 期。

［42］辜胜阻、杨威：《反思当前城镇化发展中的五种偏向》，《中国人口科学》2012 年第 3 期。

［43］辜胜阻、郑超、曹誉波：《大力发展中小城市推进均衡城

镇化的战略思考》,《人口研究》2014 年第 4 期。

[44] 郭剑雄、刘叶:《选择性迁移与农村劳动力的人力资本深化》,《人文杂志》2008 年第 7 期。

[45] 郭敏、屈艳芳:《农户投资行为实证研究》,《经济研究》2002 年第 6 期。

[46] 郭少新:《政府意志与农业制度非均衡》,《当代经济研究》2004 年第 10 期。

[47] 国务院发展研究中心和世界银行联合课题组:《中国:推进高效、包容、可持续的城镇化》,《管理世界》2014 年第 4 期。

[48] 贺雪峰:《关于"中国式小农经济"的几点认识》,《南京农业大学学报》(社会科学版)2013 年第 6 期。

[49] 贺雪峰:《论农地经营的规模——以安徽繁昌调研为基础的讨论》,《南京农业大学学报》(社会科学版)2011 年第 2 期。

[50] 贺雪峰:《论中国式城市化与现代化道路》,《中国农村观察》2014 年第 1 期。

[51] 贺雪峰:《"农民"的分化与土地利益分配问题》,《法学论坛》2010 年第 6 期。

[52] 贺雪峰:《农民利益、耕地保护与土地征收制度改革》,《南京农业大学学报》(社会科学版)2012 年第 4 期。

[53] 贺雪峰:《土地问题的事实与认识》,《中国农业大学学报》(社会科学版)2012 年第 2 期。

[54] 贺雪峰:《为谁的农业现代化》,《开放时代》2015 年第 9 期。

[55] 贺雪峰:《乡村的前途》,山东人民出版社 2007 年版。

[56] 贺雪峰:《乡村治理的社会基础》,中国社会科学出版社

2003 年版。

[57] 贺雪峰:《中国农村社会转型及其困境》,《东岳论丛》2006 年第 2 期。

[58] 贺雪峰:《中国农业的发展道路与政策重点》,《南京农业大学学报》(社会科学版)2010 年第 4 期。

[59] 贺雪峰:《中国土地制度向何处去》,《学习与实践》2009 年第 6 期。

[60] 贺雪峰、董磊明:《农民外出务工的逻辑与中国的城市化道路》,《中国农村观察》2009 年第 2 期。

[61] 洪银兴:《二元结构的现代化和社会主义新农村建设》,《江苏行政学院学报》2007 年第 1 期。

[62] 洪银兴:《工业和城市反哺农业、农村的路径研究——长三角地区实践的理论思考》,《经济研究》2007 年第 8 期。

[63] 胡兵、赖景生、胡宝娣:《二元结构、劳动力转移与经济增长》,《财经问题研究》2005 年第 7 期。

[64] 胡永泰:《中国全要素生产率:来自农业部门劳动力再配置的首要作用》,《经济研究》1998 年第 3 期。

[65] 黄国平:《促进城镇化发展的金融支持体系改革和完善》,《经济社会体制比较》2013 年第 4 期。

[66] 黄季焜:《制度变迁和可持续发展:30 年中国农业与农村》,格致出版社、上海人民出版社 2008 年版。

[67] 黄庆华、姜松、吴卫红、张卫国:《发达国家农业现代化模式选择对重庆的启示——来自美日法三国的经验比较》,《农业经济问题》2013 年第 4 期。

[68] 黄宗智:《长江三角洲小农家庭与乡村发展》,中华书局

2000 年版。

[69] 黄宗智:《华北的小农经济与社会变迁》,中华书局 2000 年版。

[70] 黄宗智:《"家庭农场"是中国农业的发展出路吗?》,《开放时代》2014 年第 2 期。

[71] 黄宗智:《经验与理论:中国社会、经济与法律的实践历史研究》,中国人民大学出版社 2007 年版。

[72] 黄宗智:《略论华北近数百年的小农经济与社会变迁——兼及社会经济史研究方法》,《中国社会经济史研究》1986 年第 2 期。

[73] 黄宗智:《略论农村社会经济史研究方法:以长江三角洲和华北平原为例》,《中国经济史研究》1991 年第 3 期。

[74] 黄宗智:《论长江三角洲的商品化进程与以雇佣劳动为基础的经营式农业》,《中国经济史研究》1988 年第 3 期。

[75] 黄宗智:《小农户与大商业资本的不平等交易:中国现代农业的特色》,《开放时代》2012 年第 3 期。

[76] 黄宗智:《中国的现代家庭:来自经济史和法律史的视角》,《开放时代》2011 年第 5 期。

[77] 黄宗智、高原、彭玉生:《没有无产化的资本化:中国的农业发展》,《开放时代》2012 年第 3 期。

[78] 黄宗智、彭玉生:《三大历史性变迁的交汇与中国小规模农业的前景》,《中国社会科学》2007 年第 4 期。

[79] 简新华、黄锟:《中国城镇化水平和速度的实证分析与前景预测》,《经济研究》2010 年第 3 期。

[80] 简新华、杨冕:《"中国农地制度和农业经营方式创新高

峰论坛"综述》，《经济研究》2015 年第 2 期。

[81] 姜松、王钊、周宁：《西部地区农业现代化演进、个案解析与现实选择》，《农业经济问题》2015 年第 1 期。

[82] 姜月忠、王丽洁：《二元结构与双轨体制——现阶段中国社会主义社会基本矛盾新论》，《深圳大学学报》（人文社会科学版）1997 年第 1 期。

[83] 蒋华东：《产城融合发展及其城市建设的互融性探讨——以四川省天府新区为例》，《经济体制改革》2012 年第 11 期。

[84] 康胜：《城乡一体化：浙江的演进特征与路径模式》，《农业经济问题》2010 年第 6 期。

[85] 柯宗俊、张瑶：《二元结构下的我国区域发展战略研究》，《消费导刊》2006 年第 11 期。

[86] 孔祥智、毛飞：《农业现代化的内涵、主体及推进策略分析》，《农业经济与管理》2013 年第 2 期。

[87] 雷潇雨、龚六堂：《城镇化对于居民消费率的影响：理论模型与实证分析》，《经济研究》2014 年第 6 期。

[88] 李畅：《二元结构对城乡差距的影响研究》，《经营管理者》2015 年第 2 期。

[89] 李成贵：《国家、利益集团与"三农"困境》，《经济社会体制比较》2004 年第 5 期。

[90] 李光辉：《我国产城融合发展路径研究》，安徽大学博士论文，2014 年。

[91] 李强、陈宇琳、刘精明：《中国城镇化"推进模式"研究》，《中国社会科学》2012 年第 7 期。

[92] 李强、王钊:《三农的独立性与解决三农问题的战略转变》,《农业现代化研究》2007 年第 3 期。

[93] 李雪飞:《二元政策体系与城乡市场差异》,《江苏社会科学》2001 年第 1 期。

[94] 李中原:《析二元结构模式下的侵权过失评价机制》,《法学》2013 年第 8 期。

[95] 列宁:《列宁选集》第 2 卷,人民出版社 1995 年版。

[96] 林刚:《关于中国经济的二元结构和三元结构问题》,《中国经济史研究》2000 年第 3 期。

[97] 林木西、和军:《马克思主义政治经济学基础理论创新研究》,经济科学出版社 2013 年版。

[98] 林毅夫:《再论制度、技术与中国农业发展》,北京大学出版社 2000 年版。

[99] 林毅夫:《制度、技术与中国农业发展》,上海三联书店、上海人民出版社 1994 年版。

[100] 刘国新:《中国特色城镇化制度变迁与制度创新研究》,东北师范大学博士论文,2009 年。

[101] 刘航、孙早:《城镇化动因扭曲与制造业产能过剩——基于 2001—2012 年中国省级面板数据的经验分析》,《中国工业经济》2014 年第 11 期。

[102] 刘红梅、张忠杰、王克强:《中国城乡一体化影响因素分析——基于省级面板数据的引力模型》,《中国农村经济》2012 年第 8 期。

[103] 刘荣增、王淑华:《城市新区的产城融合》,《城市问题》2013 年第 6 期。

[104] 刘甜甜:《制度变迁视域中我国城乡关系的历史演进及其规律研究》,湖南师范大学硕士论文,2013年。

[105] 刘卫、凌筱舒:《基于产城融合理念的专业镇新型城镇化发展研究——以广东新塘镇为例》,《小城镇建设》2015年第1期。

[106] 刘新:《中国城乡二元经济社会结构形成原因探析》,《农业经济》2009年第5期。

[107] 刘志彪、高传胜、吴福象:《南京工业二元结构与国际化突破战略研究》,《南京社会科学》2005年第9期。

[108] 卢荣善:《经济学视角:日本农业现代化经验及其对中国的适用性研究》,《农业经济问题》2007年第2期。

[109] 陆昊:《"十二五"时期经济社会发展的几点思考》,《经济研究》2011年第10期。

[110] 鹿媛媛:《新型城镇化背景下的产城一体化探索》,《现代管理科学》2016年第2期。

[111] 鹿媛媛:《制度性壁垒下的农村劳动力转移:基于中国的经验现实》,《商丘师范学院学报》2016年第4期。

[112] 罗吉、王代敬:《关于城乡联系理论的综述与启示》,《开发研究》2005年第1期。

[113] 骆永民、樊丽明:《土地:农民增收的保障还是阻碍?》,《经济研究》2015年第8期。

[114] Michael Carter、姚洋:《工业化、土地市场和农业投资》,《经济学》(季刊)2004年第3期。

[115] 冒佩华、徐骥、贺小丹:《农地经营权流转与农民劳动生产率提高:理论与实证》,《经济研究》2015年第11期。

[116] 潘家华:《新型城镇化道路的碳预算管理》,《经济研究》2013 年第 3 期。

[117] 潘锦云、姜凌、丁羊林:《城镇化制约了工业化升级发展吗?——基于产业和城镇融合发展的视角》,《经济学家》2014年第 9 期。

[118] 乔榛、焦方义、李楠:《中国农村经济制度变迁与农业增长——对 1978—2004 年中国农业增长的实证分析》,《经济研究》2006 年第 7 期。

[119] 搜狐财经:《一线城市抢人才,二线城市抢人口》,https://www.sohu.com/a/226764727_532789,2018。

[120] [日]速水佑次郎、[美]弗农拉坦:《农业发展:国际前景》,吴伟东等译,商务印书馆 2014 年版。

[121] 孙圣民:《工农业关系与经济发展:计划经济时代的历史计量学再考察——兼与姚洋、郑东雅商榷》,《经济研究》2009年第 8 期。

[122] 孙文基:《关于我国农业现代化财政支持的思考》,《农业经济问题》2013 年第 9 期。

[123] 孙章杰、傅强:《二元结构、实际汇率与巴拉萨—萨缪尔森效应——基于面板门限模型的实证分析》,《管理工程学报》2014 年第 3 期。

[124] 谭静、余静文、饶璨:《二元结构下中国流动人口的回迁意愿与储蓄行为——来自 2012 年北京、上海、广州流动人口动态监测数据的经验证据》,《金融研究》2014 年第 12 期。

[125] 唐靖庭、程传海:《二元结构下的中国区域发展战略》,《开放导报》2004 年第 2 期。

[126] 唐文进、李峰峰:《城市化的二元结构分析框架与我国农村城市化的模式创新》,《经济评论》2004 年第 3 期。

[127] 腾讯网:《武汉控制中心城区人口规模》,http://hb.qq.com/a/20170222/009073.htm,2017。

[128] 万广华:《城镇化与不均等:分析方法和中国案例》,《经济研究》2013 年第 5 期。

[129] 王锋:《制度变迁与我国农业现代化的实现》,《经济学家》2015 年第 7 期。

[130] 王国刚:《城镇化:中国经济发展方式转变的重心所在》,《经济研究》2010 年第 12 期。

[131] 王国刚、刘彦随、刘玉:《城镇化进程中农村劳动力转移响应机理与调控——以东部沿海地区为例》,《自然资源学报》2013 年第 1 期。

[132] 王红玲:《关于农业剩余劳动力数量的估计方法与实证分析》,《经济研究》1998 年第 4 期。

[133] 王宏利:《构建城乡统筹的公共服务机制与推进公共服务均等化》,《农村经济》2011 年第 6 期。

[134] 王剑锋、邓宏图:《家庭联产承包责任制:绩效、影响与变迁机制辨析》,《探索与争鸣》2014 年第 1 期。

[135] 王婷:《中国城镇化对经济增长的影响及其时空分化》,《人口研究》2013 年第 5 期。

[136] 王洋、方创琳、王振波:《中国县域城镇化水平的综合评价及类型区划分》,《地理研究》2012 年第 7 期。

[137] 王云、马丽、刘毅:《城镇化研究进展与趋势——基于 CiteSpace 和 HistCit 的图谱量化分析》,《地理科学进展》2018 年

第 3 期。

[138] 王之姣:《全球化与中国经济的二元结构》,《经济研究导刊》2007 年第 8 期。

[139] 卫龙宝、储德平、徐广彤、朱西湖:《中国特色农业现代化道路进程中的主要矛盾与对策》,《农业现代化研究》2009 年第 2 期。

[140] 魏后凯、苏红键:《中国农业转移人口市民化进程研究》,《中国人口科学》2013 年第 5 期。

[141] 文贯中:《吾地无民:城镇化、土地制度与户籍制度的内在逻辑》,东方出版社 2014 年版。

[142] 吴业苗:《农业人口转移的新常态与市民化道路》,《农业经济问题》2016 年第 3 期。

[143] 武力:《1949—2006 年城乡关系演变的历史分析》,《中国经济史研究》2007 年第 1 期。

[144] 武廷方、夏刚:《城镇化驱动下的区域经济发展——中国城镇化与区域经济发展国际研讨会综述》,《经济研究》2014 年第 3 期。

[145] 夏春萍、刘文清:《农业现代化与城镇化、工业化协调发展关系的实证研究——基于 VAR 模型的计量分析》,《农业技术经济》2012 年第 5 期。

[146] 谢永良、任志祥:《农业现代化及其评价方法》,《农业现代化研究》1999 年第 3 期。

[147] 辛岭、蒋和平:《我国农业现代化发展水平评价指标体系的构建和测算》,《农业现代化研究》2010 年第 6 期。

[148] 徐明华、盛世豪、白小虎:《中国的三元社会结构与城

乡一体化发展》,《经济学家》2003 年第 6 期。

[149] [美] Y.巴泽尔:《产权的经济分析》,费方域等译,上海三联书店、上海人民出版社 1997 年版。

[150] 姚士谋、吴建楠等:《农村人口非农化与中国城镇化问题》,《地域研究与开发》2009 年第 6 期。

[151] 姚洋:《非农就业结构与土地租赁市场的发育》,《中国农村观察》1999 年第 2 期。

[152] 姚洋:《高水平陷阱——李约瑟之谜再考察》,《经济研究》2003 年第 1 期。

[153] 姚洋:《集体决策下的诱导性制度变迁——中国农村地权稳定性演化的实证分析》,《中国农村观察》2000 年第 2 期。

[154] 姚洋:《农地制度与农业绩效的实证研究》,《经济研究参考》1999 年第 5 期。

[155] 姚洋:《农地制度与农业绩效的实证研究》,《中国农村观察》1998 年第 6 期。

[156] 姚洋:《中国农地制度:一个分析框架》,《中国社会科学》2000 年第 2 期。

[157] 尹成杰:《关于"三化同步"推进的理性思考与对策——在中国农业经济学会 2011 年学术年会上的报告》,《农业经济问题》2011 年第 11 期。

[158] 余华义:《城市化、大城市化与中国地方政府规模的变动》,《经济研究》2015 年第 10 期。

[159] 袁志刚、解栋栋:《中国劳动力错配对 TFP 的影响分析》,《经济研究》2011 年第 7 期。

[160] 曾国平、王韧:《二元结构、经济开放与中国收入差距

的变动趋势》，《数量经济技术经济研究》2006 年第 10 期。

［161］张车伟、蔡翼飞：《中国城镇化格局变动与人口合理分布》，《中国人口科学》2012 年第 6 期。

［162］张道刚：《"产城融合"的新理念》，《决策》2011 年第 1 期。

［163］张国强、岳新玺：《统筹城乡发展的路径选择》，《经济研究导刊》2005 年第 1 期。

［164］张红宇：《城镇化进程中农村劳动力转移：战略抉择和政策思路》，《中国农村经济》2011 年第 6 期。

［165］张红宇、张海阳、李伟毅、李冠佑：《中国特色农业现代化：目标定位与改革创新》，《中国农村经济》2015 年第 1 期。

［166］张鸿雁：《中国新型城镇化理论与实践创新》，《社会学研究》2013 年第 3 期。

［167］张利庠：《二元结构下的城乡消费差异分析及对策》，《中国软科学》2007 年第 2 期。

［168］张秋：《城乡统筹制度的逆向安排及其矫正》，《财经科学》2009 年第 10 期。

［169］张秋：《中外城乡统筹制度的比较与启示》，《经济纵横》2009 年第 12 期。

［170］张秋、何立胜：《城乡统筹制度安排的国际经验与启示》，《经济问题探索》2010 年第 5 期。

［171］张晓山：《农民专业合作社的发展趋势探析》，《管理世界》2009 年第 5 期。

［172］张勋、刘晓、樊纲：《农业劳动力转移与家户储蓄率上升》，《经济研究》2014 年第 4 期。

[173] 张耀辉、周轶昆:《农村劳动力转移、企业集群与二元结构模型》,《经济体制改革》2007 年第 4 期。

[174] 张勇、蒲勇健、陈立泰:《城镇化与服务业集聚——基于系统耦合互动的观点》,《中国工业经济》2013 年第 6 期。

[175] 张宇、邱海平:《中国政治经济学发展报告》,社会科学出版社 2013 年版。

[176] 章元、许庆、邬璟璟:《一个农业人口大国的工业化之路:中国降低农村贫困的经验》,《经济研究》2012 年第 11 期。

[177] 赵红军、孙楚仁:《二元结构、经济转轨与城乡收入差距分化》,《财经研究》2008 年第 3 期。

[178] 郑鑫:《城镇化对中国经济增长的贡献及其实现途径》,《中国农村经济》2014 年第 6 期。

[179] 中国金融 40 人论坛课题组:《土地制度改革与新型城镇化》,《金融研究》2013 年第 5 期。

[180] 钟顺昌等:《产城融合视角下城镇化发展的新思考》,《商业时代》2014 年第 6 期。

[181] 周飞舟、王绍琛:《农民上楼与资本下乡:城镇化的社会学研究》,《中国社会科学》2015 年第 1 期。

[182] 周蕾、谢勇、李放:《农民工城镇化的分层路径:基于意愿与能力匹配的研究》,《中国农村经济》2012 年第 9 期。

[183] 周立群、曹利群:《农村经济组织形态的演变与创新——山东省莱阳市农业产业化调查报告》,《经济研究》2001 年第 1 期。

[184] 周立群、曹利群:《商品契约优于要素契约——以农业产业化经营中的契约选择为例》,《经济研究》2002 年第 1 期。

[185] 周立群、邓宏图:《为什么选择了"准一体化"的基地合约——来自塞飞亚公司与农户签约的证据》,《中国农村观察》2004 年第 3 期。

[186] 朱晋伟、詹玉华、韩朝华:《苏南城乡一体化之路——胡棣镇的变迁和创新》,中国社会科学出版社 2008 年版。

[187] 朱晶:《农业公共投资、竞争力与粮食安全》,《经济研究》2003 年第 1 期。

[188] 朱莉芬、黄季焜:《城镇化对耕地影响的研究》,《经济研究》2007 年第 2 期。

[189] 邹沛江:《奥肯定律在中国真的失效了吗?》,《数量经济技术经济研究》2013 年第 6 期。

(二) 英文著作

[1] Alejandro Portes, Immigration and the Metropolis: Reflections on Urban History, *Journal of Intergration*, 2000, 12:134-167.

[2] Ana Lgareta, Civilization and Barbarism: When Barbarism Builds Cities, *International Journal of Historical Archaeology*, 2005, 93:65-89.

[3] Armen A. Alchian and Harold Demsetz, Production, Information Costs, and Economic Organization, *American Economic Review*, 1976, Vol.62:777-795.

[4] Arthur H. Mosher, *Getting Agriculture Moving: Development and Modernization*, New York Press, 1996.

[5] Avinash K. Dixit and Joseph E. Stiglitz, Monopolistic

Competition and Optimum Product Diversity, *American Economic Review*, 1977, 67:297-308.

[6] Avner Greif, Contract Enforceability and Economic Institutions in Early Trade: The Maghrib Coalition, *American Economic Review*, 1993, Vol.83(3):525-548.

[7] Avner Greif, Cultural Beliefs and Organizations of Society: A Historical and Theoretical Reflection on Collectivist and Individual Societies, *Journal of Political Economy*, 1994, Vol.102(5):912-950.

[8] Bengt Holmstrom, Moral Hazard in Teams, *The Bell Journal of Economics*, 1982, Volume 13, (2):324-340.

[9] Bryan R. Roberts, Urbanization Migration and Development, *Sociological Forum*, 1989, 44:45-67.

[10] Chaolin Gu, Development, Territorial Difference and Spatial Evolution of Towns in China—A Discussion on the Eviews of Anti-Urbanism in China, *Chinese Geographical Science*, 1996, 63:56-88.

[11] Dale W.Jorgenson, The Development of a Dual Economy, *The Economic Journal*, 1961, Vol.71:309-334.

[12] David Starrett, Market Allocations of Location Choice in a Model with Free Mobility, *Journal of Economic Theory*, 1978(17):21-37.

[13] Douglas W. Allen, The Nature of the Farm: Contracts, Risk, and Organization in Agriculture, *Journal of Economics*, 2003, 2:23-39.

［14］E.A.Kolomak, Assessment of the Urbanization Impact on Economic Growth in Russia. *Regional Research of Russia*, 2012, 24:76-89.

［15］Eva Cuadrado Worden, Community Supported Agriculture: Land Tenure, Social Context, Production Systems and Grower Perspectives, Ph.D. Dissertation Abstracts International, Volume: 61-10.

［16］Fang Cai, Rural Urban Income Gap and Critical Point of Institutional Change, *Economic Change and Restructuring*, 2008, 401:35-55.

［17］Geoffrey M. Hodgson, Darwinism in Economics: From Analogy to Ontology, *The Journal of Evolutionary Economics*, 2002, 12:259-281.

［18］George A.Akerlof and Robert J.Shiller, *Animal spirits: How Human Psychology Drives the Economy, and Why It Matters for Global Capitalism*, Princeton University Press, 2010:89-120.

［19］Gianmarco Ottaviano, Agglomeration and Economic Geography, CORE Discussing Paper, 2003, 16:346-356.

［20］Gurdip S.Bakshi and Zhwu Chen, The Spirit of Capitalism and Stock-Market Price, *The American Review*, 1996, Vol.86(1):88-104.

［21］Gustav Ranis and John C.H. Fei, A Theory of Economic Development, *The American Economic Review*, 1961, Vol.51 No.4:533-558.

［22］ Hongjun Zhao, On Transaction Efficiency and China's Urban-rural Disparity, *Frontiers of Economics in China*, 2006, 14:65-78.

［23］ James Kaising Kung, Egalitarianism, Subsistence Provision and Work Incentives in China's Agricultural Collective, *World Development*, 1994, 22(2):175-188.

［24］ James Kaising Kung and Shouying Liu, Land Tenure Systems in Post Reform Rural China: A Tale of Six Counties. Working paper, Division of social science, Hong Kong University of Science and Technology, 1996:8-22.

［25］ John R. Harris and Michael P. Todaro, Migration Unemployment and Development: A Two-Sector Analysis, *The Economic Journal*, 1970, Vol.60 No.1:126-142.

［26］ John Von Neumann, and Oskar Morgenstern, *Theory of Games and Economic Behavior*, Princeton University Press, 1947:324-389.

［27］ Joseph E. Stiglitz, Incentives and Risk Sharing in Sharecropping, *The Review of Economic Studies*, 1974, Vol.41(2):219-255.

［28］ Joseph Henrich, Robert Boyd, Samuel Bowles, etc., In Search of Homo Economicus: Behavioral Experiments in 15 Small-Scale Societies, *American Economic Review*, 2001, 91(2):73-78.

［29］ Justin Yifu, Collectivization and China's Agricultural crisis in 1959-1961, *Journal of Political Economy*, 1990:

124-153.

[30] Justin Yifu Lin and Dennis Tao Yang, Food Availability, Entitlements and the Chinese Famine of 1959-1961, *Economic Journal*, 2000, Vol.110:136-158.

[31] Kenneth J. Arrow, *The Property Rights Doctrine and Demand Revelation under Incomplete Information*: In *Economics and Human welfare*, New York Academic Press, 1970, pp.346-312.

[32] Masahisa Fujita, A Monopolistic Competition Model of Spatial Agglomeration: A Differentiated Product Approach, *Regional Science and Urban Economics*, 1988, 18:87-124.

[33] Masahisa Fujita, Economics of Agglomeration, *Journal of the Japanese and International Economies*, 1996, 10(4):339-378.

[34] Masahisa Fujita, Paul Krugman, Anthony J. Venables, *The Spatial Economy*: *Cities*, *Regions and International Trade*, The MIT Press, Cambridge MA, 1999, pp. 243-362.

[35] Michael C.Jensen and William H.Meckling, Theory of Firm: Managerial Behavior, Agency Costs and Ownership Structure, *Journal of Financial Economics*, 1976, (3):305-360.

[36] Michael Eugene Porter, Clusters and the New Economics of Competition, *Harvard Business Review*, 1998, 11: 77-90.

[37] Oliver Hart and John Moore, Foundations of Incomplete Contracts, *Review of Economics studies*, 1999, 66:115-138.

[38] P. B. Doeringer and D. G. Terkla, Business Strategy and Cross-Industry Clusters, *Economic Development Quarterly*, 1995, 9:225-237.

[39] Paul R. Krugman, History versus Expectations, *Quarterly Journal of Economics*, 1991, 106:651-667.

[40] Paul R. Krugman, Increasing Returns and Economic Geography, *Journal of Political Economy*, 1991, 99:483-499.

[41] Reinhard Selten, Reexamination of the Perfectness Concept for Equilibrium Points in Extensive Games, *International Journal of Game Theory*, 1975(4):25-55.

[42] Ronald H. Coase, The Institutional Structure of Production, *American Economic Review*, 1992, 82:713-719.

[43] Ronald H. Coase, The Nature of the Firm, *Economica*, 1937, IV:386-405.

[44] Ronald H. Coase, The Problem of Social Cost, *Journal of Law and Economics*, 1960, Vol.3:1-44.

[45] Samual Bowels and Herber Gintis, The Evolution of Strong Reciprocity: Cooperation in Heterogeneous Population, *Theoretical Population Biology*, 2004, 65(1):17-28.

[46] Samual Bowels, *Microeconomics: Behavior, Institutions, and Evolution*, Princeton University Press, 2004, pp.213-267.

[47] Samuel Bowles, Power and Wealth in a Competitive Economy, *Philosophy and public affairs*, 1992, Vol.21(4): 324-353.

[48] Sanford J.Grossman and Oliver D.Hart, An Analysis of the Principal-Agent Problem, *Econometrica*, 1983, Vol.51(1): 7-45.

[49] Sanford J.Grossman and Oliver D.Hart, The Costs and Benefits of Ownership: A Theory of Vertical and Lateral Integration, *Journal of Political Economy*, 1986, Vol. 94: 691-719.

[50] Sanford J.Grossman and Oliver D.Hart, Vertical Integration and the Distribution of Property Rights, *Economic Policy and Practice*, London: Macmillan, 1987:24-88.

[51] Shengzu Gu, The Developmental Characteristics and Strategic Ideas of Urbanization in China, *Chinese Geographical Science*, 1993, 32:25-56.

[52] Shouying Liu and Yang Yao, Dimensions and Diversity of Property Rights in Rural China: Dilemmas on the Road to Further Reform, *World Development*, 1998, 2:1789-1806.

[53] Steven N.S. Cheng, Transaction Costs, Risk Aversion, and The Choice of Contractual Arrangements, *Journal of Law and Economics*, 1969, 12:23-42.

[54] Steven N. S. Cheung, Private Property Rights and Sharecropping, *The Journal of Political Economy*, 1968, 76: 1107-1122.

[55] Thorstein Veblen, *The Engineers and The Price System*, New York Viking Press, 1921:212-289.

[56] Wei Li, Dennis Tao Yang, The Great Leap Forward: Anatomy of a Central Planning Disaster, *Journal of Political Economy*, 2005, 113(4):840-877.

[57] Weilong Yan, The Relationship between Urbanization and Commodity Circulation: A Theoretical and Positive Research, *Frontiers of Economics in China*, 2006, 12:23-46.

[58] William Brian Arthur, Path—Dependent Processes and the Emergence of Macro-Structure, *European Journal of Operational Research*, 1987, 30(3):294-303.

图书在版编目(CIP)数据

城乡视角下的中国城市化之路/鹿媛媛著.—上海：
上海人民出版社，2018
ISBN 978-7-208-15480-3

Ⅰ.①城…　Ⅱ.①鹿…　Ⅲ.①城市化-研究-中国
Ⅳ.①F299.21

中国版本图书馆 CIP 数据核字(2018)第 233368 号

责任编辑　徐晓明
封面设计　小阳工作室

城乡视角下的中国城市化之路
鹿媛媛　著

出　　版　上海人民出版社
　　　　　（200001　上海福建中路 193 号）
发　　行　上海人民出版社发行中心
印　　刷　常熟市新骅印刷有限公司
开　　本　635×965　1/16
印　　张　10.5
插　　页　4
字　　数　122,000
版　　次　2018 年 11 月第 1 版
印　　次　2018 年 11 月第 1 次印刷
ISBN 978-7-208-15480-3/D·3294
定　　价　35.00 元